本书系2014年山东省社会科学规划管理办公室立项重点课题“现代人的自我管理研究”（项目批准号14BSHJ01）项目的研究成果之一

中国人才研究会指导
山东省高等教育人才研究会 编

人才发展研究丛书

自我管理与人才发展

周安忠 赵巍巍 武华宝 著

中国社会科学出版社

图书在版编目(CIP)数据

自我管理与人才发展／周安忠，赵巍巍，武华宝著．—北京：中国社会科学出版社，2020.12

（人才发展研究丛书）

ISBN 978-7-5203-6531-4

Ⅰ.①自… Ⅱ.①周…②赵…③武… Ⅲ.①自我管理—关系—人才—发展—研究—中国 Ⅳ.①C964.2

中国版本图书馆CIP数据核字(2020)第086986号

出 版 人 赵剑英
责任编辑 安 芳
责任校对 张爱华
责任印制 李寡寡

出 版 中国社会科学出版社
社 址 北京鼓楼西大街甲158号
邮 编 100720
网 址 http://www.csspw.cn
发 行 部 010-84083685
门 市 部 010-84029450
经 销 新华书店及其他书店

印 刷 北京君升印刷有限公司
装 订 廊坊市广阳区广增装订厂
版 次 2020年12月第1版
印 次 2020年12月第1次印刷

开 本 710×1000 1/16
印 张 12.5
插 页 2
字 数 235千字
定 价 78.00元

《人才发展研究丛书》
编 委 会

总　序

办好中国的事情，关键在党，关键在人，关键在人才。人才是我国经济社会发展的第一资源，也是促进人类社会发展进步、增强人民富裕幸福和国家繁荣昌盛的重要推动力量。党和国家高度重视人才工作，特别是党的十八大以来，大力推动实施人才强国战略，陆续制定出台了一系列加强人才工作的政策措施，在人才培养、人才发现、人才任用、人尽其才、人才评价、薪酬激励等诸多方面，营造了良好的人才环境。

当今世界正处在大发展、大变革和大调整时期，我国正处在改革发展的关键阶段，新的形势和任务更加凸显了人才的重要性。从未来的发展看，加快人才发展是我们在激烈的国际竞争中赢得主动的重大战略选择。站在世界宏观的大格局下，我们必须清醒地看到，当前我国人才发展的总体水平与世界发达国家相比仍存在较大差距，与我国经济社会发展需要相比还有许多不适应的地方，高层次创新型人才匮乏，人才创新创业能力不强，人才结构和布局不尽合理，人才发展体制机制障碍尚未消除，人才资源开发投入不足，等等。

习近平总书记在党的十九大报告中强调指出："人才是实现民族振兴、赢得国际竞争主动的战略资源。要坚持党管人才原则，聚天下英才而用之，加快建设人才强国。实行更加积极、更加开放、更加有效的人才政策，以识才的慧眼、爱才的诚意、用才的胆识、容才的雅量、聚才的良方，把党内和党外、国内和国外各方面优秀人才集聚到党和人民的伟大奋斗中来，鼓励引导人才向边远贫困地区、边疆民族地区、革命老区和基层一线流动，努力形成人人渴望成才、人人努力成才、人人皆可成才、人人尽展其才的良好局面，让各类人才的创造活力竞相迸发、聪明才智充分涌流。”我们要认真贯彻落实习近平总书记的重要指示和十九大精神，按照中央《关于深化人才发展体制机制改革的意见》提出的要求，坚决破除束缚人才发展的思想观念和体制机制障碍，最大限度激发人才创新创造创业活力，把各方面优秀人才集聚到党和国家事业中来，构建科学规范、开放包容、运行高效的人才发展治理体系，形成具有国际竞争力的人才制度优势。

人才理论研究对人才发展和人才制度建设等至关重要。长期以来，中国人才研究会高度重视人才理论研究，致力于各种类型的人才研究活动。近年来组织人才强国研究出版工程，大力开展各种人才学术研讨，推出一大批优秀学术成果，为形成中国特色的人才理论体系做出了积极贡献，也为党和国家人才工作方针政策的落实以及地方人才工作的开展发挥了重要作用。近几年来，中国人才研究会加大了对地方人才研究会工作的指导力度，积极推动地方人才研究机构紧密结合社会现实问题，开展学术和应用研究，收到了很好的效果，山东省高等教育人才研究会即是其中的杰出代表。该会在中国人才研究会的具体指导下，每年围绕人才发展战略和人才学科建设等议题召开学术会议，为地方人才战略的实施和人才学科建设出计献策；坚持每年出版《人才研究》辑刊，发表国内人才研究的最新成果；举办人才研究培训班，邀请王通讯、叶忠海等国内著名人才专家做学术报告，培养人才研究后备人才；组织人才研究专家开展课题研究，多种方式进行成果交流等，积极发挥人才研究的社会作用，受到了各方面的好评。由中国人才研究会指导，山东省高等教育人才研究会组织撰写，中国社会科学出版社出版的《人才发展研究丛书》，即是近期倾力打造的人才理论研究精品，是我国人才理论研究的最新成果，可喜可贺。

该丛书的作者都是我国人才研究领域的骨干，集中了中国人才研究会原副会长、人才学专委会原理事长郑其绪，中国人才研究会常务理事、人才学专委会副理事长齐秀生、薛永武、司江伟等老中青三代人才研究专家，体现了人才研究队伍的传承发展。该丛书主题鲜明，立意新颖，视角多元，视野开阔，内容丰富。作者运用哲学、社会学、管理学、心理学和人才资源管理等多种研究方法，围绕实施人才强国战略、人才发展的特点和规律等，从多个角度出发，进行了多维视角的研究，探索了人才发展的一般规律和特殊规律，体现了人才研究的丰硕成果和创新突破。其中，郑其绪的《人才发展定力与活力》以特殊英才或者英才群体的成才之路为背景，对人才发展进行了探索、总结和升华，指出了人才发展定力与活力的要素、地位、作用与培养，告诉人们成才的必然规律和必由之路，启迪与引导人们尊重规律缩短成才周期；齐秀生的《人才发展的组织环境》系统论述环境对人才发展的重要作用，紧紧围绕坚持党对高校的领导、全面贯彻党的教育方针、落实立德树人根本任务，突出时代主题，突出人才发展的重点难点问题，深入系统研究了社会需求、大学教育、规划布局、基层党建、干部教育、宣教工作、思政工作、通识教育、学习教育、人才研究等内容，提出了人才发展的创新思路和措施；薛永武的《人才发展的主体性因素》运用哲学、社会学、心理学、脑科学和美学等多种研究方法，从主体性觉醒、精神个性、多元情商和创新思维等多种角度，对影响人才发展的主体因素进行跨学科和多角度的理论研究；司江伟的《人才发展的理论与实践思索》从知识经济与人才开发、人才国际化能力开发、人才发展环境评价、人才发展制度环境等多种角度，系统研究了人才培养与开发研究、人才引进与使用研究、人才评价与考核研究、人才激励与保障研究等内容；刘翠兰的《民办高校人才发展研究》在对民办高校人才队伍建设开展实证研究的基础上，比较系统地研究了民办高校管理干部发展研究、民办高校教师能力建设研究，揭示了民办高校干部队伍建设与教师队伍建设的特殊规律和一般规律；周安忠的《自我管理与人才发展》从自我管理促进人才发展的四维架构出发，系统分析人的发展、自我管理和人才的管理与发展等问题，阐明自我管理与人才发展的内在关系和外在联系，探索了新时代自我管理与人才发展的趋势与基本规律；赵霞的《科技人才引进发展的比较研究》以宏观与微观相结合的视域，从省际、城际比较的维度，对我国科技人才引进发展中的一系列理论与实践问题进行了比较深入的探讨，提出了有针对性的科技人才引进发展对策。

希望丛书的出版发行，对深入学习贯彻党的十九大精神，践行习近平总书记关于人才工作的重要论述，完善人才发展体制机制，实施人才强国战略，推动人才研究工作的开展，发挥积极的促进作用。

中国人才研究会会长 何宪

2020 年 5 月 29 日

前　言

人性的优缺，并不因制度、法律和道德风俗的约束而消失，只是呈现的形式发生了变异，在从人的依赖关系走向物的依赖关系，再到人的自由而全面的发展历史进程中，伴随的是个体自我意识的觉醒和管理的日益本体化。人的主体化和社会化、文化化、文明化的过程中，人的管理和发展问题始终被社会所关注和研究。尤其是在从传统人到现代人的转化过程中，面对价值理性与工具理性的冲突，如何正确面对和选择物质诱惑与精神追求，如何处理好他律和自律、法律与道德之间的关系等，都涉及人的管理和自我管理问题，都迫使我们要对此做一些研究和回应。

不论是个体人还是群体人，面对时代嬗变之下的后现代性、技术性、功利性等思潮的影响，在角色定位、价值选择、文化—心理的重构和对职业日标的追寻中，做好自我管理的价值和意义口益显得更为重要。具体到中国的历史和现实，人的自我管理以及人才的自我管理和发展正伴随着社会现代化进程加速，不仅受到自我意识深度认知的觉醒，而且深受马克思主义与中国文化符号系统下的社会发展形态、历史任务以及社会张力与压力对自我心理的影响。问题的存在，为我们展开新时代自我管理与人才发展命题的研究提供了机缘。也正是基于此，作者在学习和总结前人关于管理、自我管理、人的发展研究成果，尤其是马克思主义关于人的发展理论和习近平总书记关于人才工作重要论述、关于推进国家治理体系和治理能力现代化建设论述、关于构建人类命运共同体等重要思想的基础上，对自我管理与人才发展的理论和实践进行新的探索。而关于人才的发展除受自我管理这一内在因素影响之外，还要受到历史、社会、政治、经济、文化等诸多因素的影响，这些要素对于人才的发展也非常重要，但基于命题的选择和研究的侧重，本书将不重点赘述。

本书全面贯彻习近平新时代中国特色社会主义思想，通过系统分析人的发展、自我管理和人才的管理与发展等问题，阐明自我管理与人才发展的内在关系和外在联系、基于自我管理促进人才发展的方法架构以及实施路径和对策建议，并结合当前中国社会发展面临的形势和任务，提出新时代自我管理与人才发展的趋势与前景，从而为人才的自我管理和发展提供一些借鉴和启示。本书分为导论、正文、结语三个部分：第一部分为导论，主要从管理、人的发展和当前社会发展的总体视角进行论述，阐明立论背景。第二部分为正文，分七个章节进行论述：第一章，主要论述人的管理与发展问题研究的历史考察；第二章，主要论述自我管理的内涵、特征、原则以及前期研究成果概述；第三章，主要论述自我管理与人的发展之间的关系；第四章，主要论述自我管理与人才发展的关系；第五章，主要论述基于自我管理的人才发展的四维架构；第六章，主要论述基于四维架构的人才发展路径与对策建议；第七章，主要论述新时代自我管理和人才发展趋势与理论研究展望。第三部分为结语，主要对本书所阐明的理论观点及涉及尚未展开研究的问题进行归纳和梳理，以便于后续跟进研究。

周安忠

2019 年 7 月

目　录

导　论

社会发展的根本动力是生产力与生产关系的矛盾运动，解决生产力和生产关系这一矛盾中最为活跃的主体——人的需要和发展问题，是推进改革发展的出发点和目标所在。在从原始人类族群简单协作向文明和谐自由奋进的历程中，人的管理和发展问题始终相伴而存，甚至从某种意义上，在社会尚未为人的自由而全面发展创设出充要条件之前，对人的管理不仅是必要的，也是必须的。对于人的发展来说，社会发展进步同时伴随着也是对人的管理从控制、规范、教育、引导到最终实现自觉自为的过程。

人的发展的终极目标是什么？马克思在《共产党宣言》就明确指出："代替那存在着阶级和阶级对立的资产阶级旧社会的，将是这样一个联合体，在那里，每个人的自由发展是一切人的自由发展的条件。"①要实现这样的状态，马克思明确指出，人的自由全面发展，首先解决的是社会生产力的全面发展问题，解决好劳动者能够为自己全面发展提供条件问题；同时，人的全面发展还要求生产关系全面发展，从原始共享达到各尽所能、按需分配，人都把劳动视为生活的第一需要，生产关系与生产力高度和谐；然后才能达到每一个人既是自身发展的目的也是自身发展的手段，进而实现人作为主体自由而个性地发展，人的自由发展与社会的自由发展的高度统一。显而易见，要达到这样的目标，需要长期的历史过程，需要具有足够的决心和耐心朝着目标前进。

中国共产党自成立以来，就一直高度重视人的发展问题，把实现人

---

① 《马克思恩格斯选集》第3卷，人民出版社1995年版，第294页。

的解放和全面发展作为各个时期的工作重点，把实现人的全面发展看作是党的事业追求的终极目标之一，把人的发展看作是实现中华民族伟大复兴和构建人类命运共同体的必然命题。无论是领导革命推翻旧政权建立新中国，还是通过改革开放开辟中国特色社会主义新事业，还是新时代全面深化改革，开启中华民族伟大复兴中国梦新征程，中国共产党都始终把为中国人民谋幸福、为中华民族谋复兴，作为自己的初心和使命，全心全意为人民服务，不断促进人的全面发展。始终坚持以人民为中心的施政理念，把推动人的解放和发展，作为进行理论创新和革命生产实践的价值判断标准，始终站在人民利益的立场上制定纲领、路线、方针、政策，深化改革开放，加强自身建设，确保全体人民在发展中，享受更多获得感、幸福感、安全感。①

中国共产党对人才这一特殊群体高度重视，从中国的国情和现实出发，将能不能做好人才工作作为贯彻马克思主义关于人的全面发展思想的重要内容进行落实，将做好人才的管理服务工作作为党的一项重要工作进行部署安排。毛泽东在延安时期就开始关注人才、培养人才，对人才工作他曾总结提出重要论断：“延安这个地方集中全国的人才，所以我们的教育工作有全国性的意义。延安的干部教育好了，学习好了，现在可以对付黑暗，将来可以迎接光明，创造新世界，这个意义非常之大，这是全国性的。”② 邓小平在对人才问题上，将其作为推进改革的内容之一予以关注。1977 年邓小平就明确指出，要在党内造成一种尊重知识、尊重人才的空气，我们现在不是人才多了，而是真正的人才没有很好地发现，发现了没有果断起作用，要创造一种环境，使拔尖人才能够脱颖而出，改革就是要创造这种环境。1980 年邓小平针对人才管理问题进一步指出：“目前的问题是，现行的组织制度和为数不少的干部的思想方法不利于选拔和使用现代化所急需的人才，希望各级党委和组织部门在这个问题上来个大转变，坚决解放思想，克服重重困难，打

---

① 刘宏达、谢守成：《新时代必将有力推动人的全面发展》，《人民日报》2018 年 1 月 31 日第 7 版。

② 郝铁川：《把更多的优秀人才汇聚到党的各级组织中来》，《人民日报》2004 年 8 月 5 日第 9 版。

破老框框，勇于改革不合时宜的组织制度、人事制度，大力培养、发现和破格使用优秀人才，坚决同一切压制和摧残人才的现象做斗争。”① 1984年5月16日，习近平指出：“开发人才是一项具有特殊地位的战略任务，关系四化成败，关系国家兴衰。有人讲，致天下之治者在人才，成天下之治者在教化。古往今来，人们无不把人才之治作为富国之根本、兴邦之大计。现在，各个国家无不把开发人才放在特殊重要的位置，人们把十几年后的世界视为智能世纪，竞相跻身于科学技术领先地位。在这方面，我们国家落后了许多，更显出人才开发的重要性和紧迫性。百端待举，人才匮乏，带有很大的普遍性。人才兴，国家兴，我们越来越深刻地认识了这个真理。”②

进入21世纪以来，人才问题更是受到了党和国家前所未有的关注和重视。2002年5月颁发的《2002—2005年全国人才队伍建设规划纲要》，第一次明确提出了我国实施人才强国战略的基本设想。2003年12月，中共中央、国务院召开了第一次全国人才工作会议，颁布了《中共中央、国务院关于进一步加强人才工作的决定》，全面部署实施人才强国战略，成为进入21世纪新阶段人才工作的行动纲领。2006年3月，人才强国战略作为专门章节列入“十一五”发展规划纲要。2007年10月，人才强国战略正式写入了党的十七大报告和党章，人才在我国经济社会发展中的重要地位在政策层面进一步彰显。2010年6月，《国家中长期人才发展规划纲要（2010—2020年）》颁布，成为新的历史时期我国人才发展的重要指针，对我国经济社会发展产生积极而深远的影响。

进入新时代，习近平在不同场合反复强调人才对于实现中华民族伟大复兴事业的重要意义，指出人才是中国共产党执政兴国的第一资源。2014年5月，习近平在上海考察期间的讲话中指出“牢牢把握集聚人才大举措。功以才成，业由才广。人才是创新的第一资源。没有人才优

① 《邓小平文选》第2卷，人民出版社1993年版，第322页。

② 习近平：《念好“人才经”开拓翻番路》（1984年5月16日），选自《知之深 爱之切》，河北人民出版社2015年版，第131页。

势，就不可能有创新优势、科技优势、产业优势。培养集聚人才，要有识才的眼光、用才的胆识、容才的雅量、聚才的良方，健全集聚人才、发挥人才作用的体制机制，创造人尽其才的政策环境。要发挥好现有人才作用，同时揽四方之才，择天下英才而用之。要加强科研院所和高等院校创新条件建设，完善知识产权运用和保护机制，激发科研人员创新活力，让各类人才的创新智慧竞相迸发”①。2015 年 10 月，党的十八届五中全会进一步明确，深入实施人才优先发展战略，推进人才发展体制改革和政策创新，形成具有国际竞争力的人才制度优势。2017 年 10 月，在党的十九大报告“坚定不移全面从严治党，不断提高党的执政能力和领导水平”部分，就新时代人才发展的意义、目标和举措提出了更加明确要求：人才是实现民族振兴、赢得国际竞争主动的战略资源；要坚持党管人才原则，聚天下英才而用之，加快建设人才强国；要实行更加积极、更加开放、更加有效的人才政策。2018 年 5 月，在中国科学院第十九次院士大会、中国工程院第十四次院士大会上的讲话中，习近平再次强调：“创新之道，唯在得人。得人之要，必广其途以储之。要营造良好创新环境，加快形成有利于人才成长的培养机制、有利于人尽其才的使用机制、有利于竞相成长各展其能的激励机制、有利于各类人才脱颖而出的竞争机制，培植好人才成长的沃土，让人才根系更加发达，一茬接一茬茁壮成长。要尊重人才成长规律，解决人才队伍结构性矛盾，构建完备的人才梯次结构，培养造就一大批具有国际水平的战略科技人才、科技领军人才、青年科技人才和创新团队。要加强人才投入，优化人才政策，营造有利于创新创业的政策环境，构建有效的引才用才机制，形成天下英才聚神州、万类霜天竞自由的创新局面。”②习近平这些有关新时代人才发展的新论述、新论断，是以习近平同志为核心的党中央对于新形势下我国人才工作的新要求、新部署，是新时代我国人才工作和人才研究的基本遵循和努力方向。

---

① 习近平：《中国要永远做一个学习大国》，《人民日报》2014 年 5 月 24 日。

② 习近平：《在中国科学院第十九次院士大会、中国工程院第十四次院士大会上的讲话》，《人民日报》2018 年 5 月 29 日第 2 版。

人的发展、人才发展问题是党和国家的头等大事，也是我们每个人的发展目标。如何实现这些目标？在人尚未实现全面发展之前，探究这些问题，就不得不涉及人的管理问题。对此，郭海龙提出，管理是人的存在方式，因为任何人的存在和发展都离不开管理，人是自我设计、自我筹划的自为存在物，他的现存状态和未来走向都离不开管理，甚至都是管理的结果。个人为了在社会上更好地生存与发展，要么是他管理别人，要么是他被别人管理，要么最起码是他管理自己，要么二者兼而有之。[①] 从这个意义上来说，管理就是人通过遵从自我选择和组织要求的目标、价值、信仰等的判断，不断采取实践行动，促其达成的过程，管理既是主体选择的体现，也是制度、机制、秩序、规则在实践层面的具体体现。从哲学维度看，管理的过程是主体和客体"双重角色"的互动与联动过程，人的管理的实施与实现，是自我管理和外在约束共同作用的结果，是主体与客体之间抑或主体与主体之间交互作用的结果。在这一过程中，作为管理目标和行动的主体，人始终是在场状态，不存在"人"是缺位的管理。

自我管理是管理的题中之意，也是人的本性发展的需要。从人的应然状态来说，人是自我管理的存在物，外在的管理要符合人的本性需要，切合人自我实现的需要，自我实现要依赖诸多的自我管理活动来保障实施和生动体现。管理对自我管理有积极的促进作用，一方面管理者的使命就是在做好自我管理的基础上，让员工学会自我管理；另一方面管理者通过激励与约束和正向引导，实现对被管理者的有效"管理"，有利于促进和提升被管理者更有效地"自我管理"。[②] 从人的实然状态来说，为了他人和社会的正常存在和有序发展，也需要自我管理。当个人利益与社会利益发生冲突的时候，为保证社会群体的整体利益优先得到保障，个人要进行恰当的自我管理，合理控制自己的私欲，从而保证社会"稳定"和"秩序"。薛永武在其著作《人才开发新论》一书中也指出："从人才开发的角度看，管理是一门非常高级而又复杂的艺

① 郭海龙：《自我管理理论之道与实践之用》，北京大学出版社2015年版，第28页。

② 同上。

术。为了更好地促进人才开发，管理者必须树立正确的管理理念，掌握科学的管理方式，把管理看作是凝聚人心和激励精神的艺术。”①

美国学者琼·玛格丽塔和南·斯通在《什么是管理》一书中对此阐述是：“管理可以让人们更有效地管理自己。创造一种与组织结构目标相一致的文化，是管理工作的一部分内容。选择恰当的人员，鼓励他们开发个人能力则是管理工作的另外一部分内容。另外，优秀管理者通过教育（常常是通过具体案例），帮助人们管理好自己，分析自己的优点和缺陷，明白如何对待工作和学习，价值观该如何，如何激励自己……也就是说，优秀管理者促使人们具有自知之明。”②管理大师德鲁克指出：“管理者能否管理好别人从来就没有被真正验证过，但管理者却完全可以管理好自己。实际上，让自身成效不高的管理者管好他们的同事与下属，那几乎是不可能的事。管理工作在很大程度上是要身体力行的，如果管理者不懂得如何在自己的工作中做到卓有成效，就会给其他人树立错误的榜样。”③ 因此，任何一位真正的管理者，为了确立和强化自己的管理者地位，实现和发展自己的主体能力，必须经常把自己当作被管理者加以对待，对自己的思想、言行等方面进行管理，在此基础上，通过组织、命令、权威、人格、引导等方式，帮助被管理者进行自我认知、自我教育、自我控制、自我协调、自我反馈、自我调适，并将其付诸实施，进而实现对被管理者的有效管理。

综上所述，人的发展、人才的发展都离不开管理，更离不开人的自我管理。从研究主题选择角度看，之所以将自我管理作为本书的着力点，是因为人的发展经历既是一个从外在到内在的过程，从宏观到微观的过程，也是一个由内及外的本质力量对象化过程。随着社会的发展，人的自我意识觉醒，内在的管理更加突出和重要，人才作为受到良好教育和自我意识训练与培养的个体，其自我管理的状况，更加深刻影响着

① 薛永武：《人才开发新论》，中国书籍出版社 2019 年版，第 144 页。

② ［美］琼·玛格丽塔、南·斯通：《什么是管理》，李钊平译，电子工业出版社 2003 年版，第 242—243 页。

③ ［美］彼得·德鲁克：《卓有成效的管理者》，许是祥译，机械工业出版社 2019 年版，前言。

人才的发展。因此，本书将要探讨的自我管理和人才发展命题，是在管理的广域范畴和人的发展宏观视野之内，进行具体探究的子课题，相关问题的研究离不开宏观背景，须从基于宏观研究的基础出发，然后对自我管理和人才发展这一中观层面进行探讨。历史、社会、政治、经济、文化等社会管理宏观要素对于人才的发展也非常重要，但基于命题的选择和研究的侧重，这些问题本书将不详细展开，借此做一研究边界的界定，书中若有阐述不到之处，此为解释和说明。

第一章　人的管理与发展问题研究之历史考察

成长于自然关系和社会关系之中的人，个体的自我成长和自我价值目标的实现与作为群体目标的实现，都与历史的、现实的、未来的管理目标设定与实施密切相关。单一个体的人，面对纷繁复杂的社会和自然界，如何通过自我设计、自我控制、自我学习、自我调节等环节，有效激活个体潜能，实现个体需要，促进个体发展，进而实现自我价值，不仅是个人成长必须面对的问题，也是社会科学研究中须深入探究的命题。但归根结底，一切目标的实现取决于作为主体的人如何理性掌控自己，清醒认识自我人性的优点和弱点，正视人性、洞察人性，不断深化自我认识，强化个体理性培养，进而更好地把控自己的人生。

人性是一个哲学上的抽象问题，它源于人类个体存在与群体发展的反省与认知，源于实践中不断积累、形成、完善、发展的特性、本性、属性等现实存在，是不断发展变化的主体性阐释与解读。在查阅人性研究专家学者的论述中，一般都不主张对人性做封闭式解释，无论是现代的法理人性论，还是伦理人性论都否认对人性做永恒界定。舍勒曾言"人的本质之一正是不可定义性。"[①] 在我们看来，对人性定义的开放式思维并不意味着消解人性，而是以一种新的解释思维去看待人的问题，"因为对人性只能达到某种历史条件下的合理性了解，而那种超越历史的无条件性证明是永远无法企及的"[②]。因此，在相对性视域下，人性

---

① 刘小枫：《舍勒选集：下卷》，上海三联书店 1999 年版，第 1297 页。

② 沈亚生、杨琦：《我国当代人性论研究的回顾与思考》，《清华大学学报》（哲学社会科学版）2004 年第 1 期。

是历史的生成与发展，这就是人的现实存在。

第一节　人与人性研究概述

人的本性究竟是什么？这是多少年来无数哲人和思想家探索和思考的一个问题，至今还吸引着人们的浓厚兴趣。人性是善还是恶，自孔孟、苏格拉底等中外贤哲论辩至今，仍未下定结论。华中师范大学聂珍钊教授在其文章《文学伦理学批评：人性概念的阐释与考辨》中认为，对人性的研究，首先要弄清楚什么是人？讨论人性问题，首先就需要讨论有关人的定义。[①] 我们要对人性的概念进行界定，探讨人的管理问题，也应以此为逻辑起点。

一　何谓人

什么是人？这似乎是一个不言自明的问题，但实际上并未真正解决，而是一直随着人对自身认识的加深而不断变化。其实人们早已开始有关人的探讨。中国的先哲们曾有这样的论述："惟天地万物父母，惟人万物之灵。"[②] 这种类似的表达也出现在英国戏剧家莎士比亚的悲剧中，他借哈姆雷特之口表达了"人是宇宙之精华，万物之灵长"的鼓舞人心的观念，不仅肯定了人的理性，还赞美了人的高贵。德谟克里特等古希腊唯物主义哲学家一般把人、自然和社会看成是一个统一的实体，认为人本身体现或反映了宇宙的全部要素，人是宇宙的一部分。例如，德谟克利特认为，肉体是由灵魂所推动的，灵魂是由原子组成的，生命是从原始的泥土里发展出来的，因此人含有各种各样的原子，是宇宙的缩影。亚里士多德则从伦理学的立场解释说："于人而言，我们大家所最熟悉的，恰正是他的动物性。"[③]

---

① 聂珍钊：《文学伦理学批评：人性概念的阐释与考辨》，《外国文学研究》2015 年第 6 期。

② 《尚书·泰誓》，参见《尚书译注》，李民、王健译，上海古籍出版社 2004 年版，第 192 页。

③ ［古希腊］亚里士多德：《动物志》，吴寿彭译，商务印书馆 2013 年版，第 33 页。

19 世纪，英国博物学家达尔文用进化理论，对人的概念作了界定，其说法得到了大多数人肯定。达尔文认为，人猿同祖，人从古猿进化而来，是自然选择的结果。这个定义其实主要是从人所特有的、独一无二的形式把人同其他动物区别开来的。恩格斯在达尔文解释的基础上，又通过劳动解释了人，认为劳动创造了人，劳动是人之所以区别于其他动物的典型特征。马克思从辩证的角度，结合前人研究作出的判断，对人的本质给予了科学解释，他认为人的本质并不是单个人所固有的抽象物，在其现实性上，它是一切社会关系的总和，人的本质属性取决于人的社会性和群体特征，人的内部特征与群体交往相互作用形成的结果，是决定人之所以为人的本质特征。当我们对人性研究和解读的时候，人的社会性的一面是我们关注的重点。

那么，人究竟是如何存在的呢？我们可以用人类的起源与演变发展的历史来解释这个问题。在历史演进过程中，人的存在首先表现为人的动物性（自然性）。动物性（自然性）作为人的首要属性，不仅意味着人来源于自然，从属于动物，受自然规律的制约，还表明人具有与其他生命体共有的特征。人的社会性、实践性和价值性是在动物性（自然性）之上逐渐形成与发展起来的，它表明人脱离自然界，与自然界相抗争并进行了主体性建构，这使人具有了与其他生命体不同的属性，这是人的特殊性。其次，人具有社会性。根据马克思、恩格斯的观点，社会性是人的本质属性，是人在劳动过程中形成的一切社会关系的总和的集中表现。社会性的形成，来自个体走向群体的过程，对个体之外各种因素的接纳和吸收以及互动。再次，人的实践性。劳动创造了人，创造了人类，劳动实践使人的发展有了充分的物质保障，特别是随着历史的演进，劳动实践在帮助人进化外形之外，对人的内在发展、思维、语言等的形成起到了决定性作用，使人找到了集体存在的基础。也正是这一实践性，使人的发展成为可能，是人不同于其他“物类”的显著区别。最后是人的价值性。从动物性（自然性）到价值性的发展，是人的发展历史性飞跃，是人在生存之上的价值。价值性充分地反映人所具有的独特理性，使人类群体的约束和管理成为可能，它也构成了现代人管理的全部基础，尤其是人的自我管理的逻辑基础和可行路径。

人存在的四个方面或者说四重属性，是我们研究人性生成的全部要素，自然性表明人与自然的关系，社会性和实践性表明人与社会的关系，价值性表明人与自身的关系，这里包含了人面向自然、面向社会、面向自身的全部内容，人的现实存在就是自然性、社会性、实践性、价值性的统一。

二　何谓人性

所谓“人性”是人区别于其他一切物，即人之为人的本质规定性，又称人的本性，是对一切人所共同具有的特性、属性的根本概括。但从具体内涵和外延来说，在长期的历史中，不同时期的界定是不同的。

中国古人关于人性探讨由来已久。孟子讲人伦，主张性本善；荀子认为性本恶，需要后天礼义教化；告子讲仁义，认为性无善无不善。孟子在他恻隐之心、羞恶之心、辞让之心、是非之心“四端说”的基础上，对人与非人的区别做了解释：“无恻隐之心，非人也；无羞恶之心，非人也；无辞让之心，非人也；无是非之心，非人也。”① 告子说：“性犹杞柳也，义犹杯棬也；以人性为仁义，犹以杞柳为杯棬。”② 告子此处所说仁义，即人的人性。荀子说：“今人之性，固无礼义，故强学而求有之也；性不知礼义，故思虑而求知之也。然则性而已，则人无礼义，不知礼义。人无礼义则乱，不知礼义则悖。然则性而已，则悖乱在已。”③ 此处所说礼义，即为人性。所以，荀子对如何修身养性的论述甚多，如《劝学》《修身》《不苟》等篇，都是讲修身进学和道德教化的。由此可见，中国古人所说的人之性并不是人性概念，而指的是人的天性。今人所说的人性，并非说人的天性，而是指人区别于动物性的本质特征。西汉的杨雄说：“修其善则为善人，修其恶则为恶人。”④ 东汉的王充在《论衡·本性》一书中描述：“周人世硕，以为人性有善有不

① 《孟子·公孙丑上》。

② 《孟子·告子上》。

③ 《荀子·性恶》。

④ 《法言·修身》，参见汪荣宝撰《法言义疏》，陈仲夫点校，中华书局 1987 年版，第 85 页。

善。举人之善性，养而致之则善长；性恶，养而致之则恶长。如此则性各有阴阳，善恶在所养焉。故世子作《养书》一篇。宓子贱、漆雕开、公孙尼子之徒，亦论性情，与世子相出入，皆言性有善有恶。”①明代朱熹在讨论人性的时候，他将太极作为宇宙的根本，理在先，气在后，太极之理是一切理的综合，是“万善”的道德标准，继而提出广为人知的“存天理，灭人欲”。这些思想也都暗含遵道顺天的人性真伪辩驳之意。

西方关于人性的探讨更为显性且历史阶段经历明显。一般认为，经历了从“德性”“神性”“社会性”的过程。在古希腊及较前重视德性论，强调的是美德；中世纪在基督教主导下的则特别关注神学，强调神性，人只是被看作神的附属；继文艺复兴、宗教改革、启蒙运动思潮爆发以来，人的主体观念开始觉醒，人开始从神的光环中解放出来，人本主义价值趋向被不断强化，强调人的绝对价值和自由，人的自我价值被奉为人性之本，追求所谓人的绝对自由，人只向自身生成。“人”被完全地大写化了，自然的力量完全退出了人的本质规定当中。英国思想家塞缪尔·斯迈尔斯剖析：“即使把一个心灵最为高尚的哲学家放在一个日常生活极不方便、道德沦丧的恶劣环境之中，他也会变得麻木不仁，凶残无耻……在一个野蛮、贫困和肮脏的环境中，要想培养一个心地善良、纯洁和品德高尚的人，这是相当困难的。”② 黑格尔在谈到人性的善与恶时，曾经有段著名的论述：“人们以为，当他们说人本性是善的这句话时，他们就说出了一种很伟大的思想；但是他们忘记了，当人们说人本性是恶这句话时，是说出了一种更加伟大得多的思想。”③ 为什么讲“说出人本性恶”就是更加伟大的思想呢？关键是它说出了善与恶的辩证关系。综上，人性至少有以下三个特点。

第一，人性受缚于社会性。诚然，人起源于动物，人性源于动物性。就动物本身讲，无所谓善与恶。动物具有维护自身生存的特性，这

---

① 王充：《论衡·本性》。

② ［英］塞缪尔·斯迈尔斯：《品格的力量》，刘曙光译，北京图书馆出版社 1999 年版，第 35 页。

③ 《马克思恩格斯选集》第 4 卷，人民出版社 1972 年版，第 233 页。

对后来人性的生成具有重大影响。然而，人性归根到底是社会化过程的产物。一个婴儿如果离开人类的社会生活，与虎狼豹熊共生，那他就不会具有人的特质和人的精神，他也就很难成为真正意义上的人。人是教育的产物，这是康德提出的一个重要思想。在康德看来，人的最高目的是成为一个道德—文化的人，如何驯化与改造人的自然本能，使其摆脱那种原始、放纵、任性的状态，始终是人成长与发展的一项重要任务。人性的本质规定是它的社会性，主要是因为人生来就会（除非刻意为之）别无选择地被置身于社会关系之中，必然归属于一定的种族、民族、国家以及某一社会群体，个体性格的成长过程也是伴随着社会规范的人格化，而且要以历史给予的特定条件作为生存发展的基础和出发点，进而逐渐成长为社会人、文化人。这个过程实质上就是人性发展演变的过程，也是人的动物本能社会化改造的过程。

第二，人性形成是自我选择过程。在特定的社会环境中，人总是他自己实践所创造的存在物。人可以在特定社会环境中作出自己的选择，并通过自我选择，塑造自我，发展自我，表现自我。人将会成长为什么样的人，他的本性如何，关键还在于他自己。正如塞缪尔·斯迈尔斯曾经指出："即使是最好的制度，也不可能给某个人以积极的帮助。也许制度所能做的就是放手让人们自由自在地去追求他自己的事业，从而改善他自身的生存状态。但是，几乎所有的时代，人们都竟然不加置疑地相信他们的幸福生活是通过制度的手段而不是通过自己的行动去获得的……无论多么严厉的法律也不能使游手好闲之徒勤奋起来、使奢靡浪费者节俭起来或使嗜酒如命之徒能有所节制。要改变这种现象只能通过个人的行动、节俭和自我克制的方法才能奏效；即通过良好的习惯而不是被更大的权力去改变。"① 现实生活也确实如此，因为一个人的人性及人性的发展完善状况，除了社会塑造之外，他自己负有不可推卸的责任。就个人人性表征的实质而言，这是他人不可替代而须作为主体人去独自完成的。一个人要想成为什么样的人，总体上说主动权掌握在他自

① ［英］塞缪尔·斯迈尔斯：《品格的力量》，刘曙光译，北京图书馆出版社 1999 年版，序言。

己手中。这是一个自我改造、自我完善、自我实现、自我创造的过程，即自我管理的过程。虽说这种改造、完善、管理、创造不是随心所欲的，但社会为人的这种改造、完善、管理、创造提供了相当大的可能性，在这个空间中，人的主体选择作用就显得极为重要了。

第三，人性呈现和表征是矛盾综合体。人性的呈现和表征是一个由诸多矛盾因素、矛盾方面影响下构成的复杂系统，在不同的时代、不同的社会，人性的表征是不完全相同的甚至大相径庭，即使在相近或相同的社会，每个人所表现出来的人性也有很大的不同，而且在同一个人身上，人性中善的一面与恶的一面往往也是交织在一起的。黑格尔曾言："唯有人是善的，只因为他也可能是恶的。善与恶是不可分割的，其所以不可分割就在于概念使自己成为对象，而作为对象，它就直接具有差别这种规定。"① 恩格斯在《反杜林论》中讲，人是从动物发展而来的，这一点就决定了人永远不能完全脱离动物的所有特性，问题只在于这些特性多些或少些，在于兽性或人性的呈现的程度。人性善与恶，根本在于人本身是一个矛盾性的存在和规定，对于人的任何一种肯定的规定，都暗含有其否定方面的参照，或者说，任何人都会既有其美德的一面，又有缺陷的一面。但是，这两个方面在具体人身上的表现是不同的，有的人善的一面居主导地位，有的人恶的一面占主导地位。当然，善与恶的主导方面在具体的人身上也不是固定不变的，可以经由社会环境的作用和个人抑恶扬善的主观努力而发生变化。帕斯卡尔有一段名言：使之过多地看到他和禽兽是怎样地等同而不向他指出他的伟大，那是危险的。使他过多地看到他的伟大而看不到他的卑鄙，那也是危险的。让他对这两者都加以忽视，则更为危险。然而把这两者都给他指明，那就非常有益了。②

三 现代人的人性弱点

人的发展是伴随着自律和他律相互作用的过程，是自我管理、自我

---

① ［德］黑格尔：《法哲学原理》，范扬、张企泰译，商务印书馆1961年版，第144页。

② ［法］帕斯卡尔：《思想录》，何兆武译，商务印书馆1985年版。

完善的过程，也是外在约束和规范的过程。人性中的恶毫无疑问是需要改造、抑制的一面，应当发扬和完善的是人性美德即善的一面。在现实生活中，每个人时刻都要面对自身人性恶的一面，这是无法回避的。人的生命其实是对自身这些恶的劣根性的焚毁，燃烧象征着人的积极向上的精神，生命燃烧得越是完全，精神越是高尚、美丽，越是尊贵。

在现代人身上，人的发展尽管取得了长足的进步，但人性深处的恶并未消除，只是表现形式发生了变化。任性、懒惰、嫉妒和贪婪这几种人性缺陷，在现代人的人性弱点方面表现得最为突出。至于它们是否引发出恶的行为，则要依个人接受人类文明的程度、受教育的程度、对社会现实体验认知的程度而定。一个人的认知能力、学习能力、自控能力——自我管理的能力越强，他抑制自身人性缺陷的能力便越强，他的人生价值实现的可能性、他在社会上获得成功的可能性也越大；反之，则大相径庭。

（一）任性

任性是人身上根植于动物的惰性，是对人类一切理性的否定，是对人类既存文明的排斥，也是拒绝人类既存文明规范的一种愚蠢行为。例如：无视理性、公共秩序、规则、道德、法律、纪律、契约的约束，无视前人积累、总结的各种知识，极端的行为则是天马行空、我行我素。应当指出，任性妄为之人属于极可能危害他人、危害社会并造成极大破坏的人，尤其是当这种人处于较高的权力地位之时，他既是恶人，又是罪人。当权者的任性妄为固然危害社会、国家，这在中国古代、近代、现代、当代社会中都是显而易见的。普通人的任性妄为同样也危害社会和国家，不过相比较而言，受害的对象更多的是他自己及其家庭。任性妄为者一般与他从小受到的教育有很大关系。有研究表明，在青少年教育问题上始终存在两种极端的倾向，一种是极严厉的管束，另一种是完全放任自流的方法，其结果都是后患无穷。科学的教育必须宽严相济，严在使之遵循既存的理性规范，同时约束青少年源于自然本能的任性，在自觉的基础上，适当程度控制自己、管住自己；宽在于养成青少年自由的直觉洞察力，最大限度地发挥自己的原创力，展现自己的生命力，不至于妨碍他人或阻碍自己。一个人如果从小在家不听父母之教，在学校不听教师之教，到社会上也不遵纪守法，这种人往往难以健康成长，很可能或更多地会成为社会的累赘。从这个角度看，一个国家如果任性妄为的人多了，一旦进入社会转型期，社会渣滓将大量泛起，从而会演变为社会的灾难和隐患。

（二）懒惰

懒惰是人自身对人类现实活力的排斥，是对人类实践活动的否定，是拒绝和排斥用自己的劳动去真正体验人的生活，使自己逐渐成为一个既无用于社会又无益于家庭和自身的“废物”。一个人懒惰的恶习固然有害于社会，但懒惰最能危害的对象还是懒惰者自己。懒惰者习惯或留恋于衣来伸手、饭来张口、役使他人、耽于安逸的生活，这与动物似乎没有什么区别。至于劳动的快乐、创造性的思维、事业的成功等各方面的人生乐趣，他是享受不到的。懒惰者逐渐丧失的是动脑思考、动手操作即解决一切实际问题的基本能力，他不能不依靠别人过寄生的生活，一旦丧失了寄生的条件，他便会像其他废物一样在生活中被淘汰掉。懒惰是人或多或少都会有的一种人性缺陷，是一种不可能彻底根绝的劣根性，能否克服这种劣根性，主要靠人们从小养成的劳动习惯，以及进入成年后由习惯而进一步形成的对劳动意义的理解和劳动神圣性的信仰与情感。

目前在中国社会司空见惯的“啃老族”现象，就是现代人自身懒惰的一种典型表现。父母劳心劳力、身心疲惫、白发苍苍，已经成人的子女却还赖在父母怀里，不肯“断乳”。“啃老族”的发生绝非偶然，“啃老族”多是独生子女，从小娇生惯养，在成长过程中受到父母过多的关注，就业时高不成、低不就，又吃不了苦，最后干脆待在家里靠父母养活。“啃老族”中不乏高学历者，他们整天上网、打牌或在自己固定的圈子里活动，交友范围狭窄，不愿接触社会，经济来源基本依靠父母。除了以上人员外，还存在着一个庞大的“隐性啃老”群体。这些年轻人或中年人虽都已就业，但每个月还继续向父母伸手，少则数百元，多则上千元，而且买房、买车甚至育儿等花销也都依赖父母。受传统观念影响，国内父母通常认为自己一生的努力，就是为了孩子，会尽全力让孩子成年后过上舒心的生活，包括工作、结婚、买房、养育下一代等，父母的这种观念，同样影响到子女，让很多年轻人觉得“啃食”父母理所当然。

人类祖先从四肢着地到直立人的进化至少花了数百万年，其目的就在于提高运用手和脑的能力。现代人为了使每一代人都能掌握运用手的能力，必须在其青少年时代培养起热爱劳动的良好习惯。事实证明，从小养成劳动习惯的人，更容易成为有用武之地之才。高尔基曾经说过，疼爱子女是连母鸡都会做的事，而教育好子女则是一项伟大的事业。应当忠告一切只知道疼爱儿孙的父母们、祖父们，再不要因为自己愚蠢的疼爱使他们染上懒惰的恶习，终身经受难以自立的痛苦。

（三）嫉妒

嫉妒是对自己以外的人（亲属、朋友、同事等）占了比自己优越的地位，得到了一定的好处，获得了实际的利益以及自己珍视的东西已经或将要属于别人的时候所产生的情感。他人的天赋、好运和成就通常会引起人们内心的失落感，轻则艳羡，重则苦恼，过则涌现出对他人的恶意，以致冷嘲热讽或恶言恶语伤人，再过则就会以实际行动害人，或暗施诡计，或明刀明枪，极端者则必置被嫉妒者于死地而后快。因嫉妒而产生彼此伤害的现象十分普遍，几乎每一个人都曾有过此类或轻或重的嫉妒和被嫉妒的体验和感受。人的行为，不一定非有一个特定的目标才会展开，而是首先被一种原动力推动，嫉妒就是属于这种原动力的东西。人一旦有了这样的情感，未必会立刻显现在引发事端的场合，反而是深藏在心中，因为人人都认为嫉妒是一种不好的情感，便耻于表现而尽可能地抑制着。

人们的嫉妒心与自身的综合素质包括良知、教养、判断力、抑制力密切相关，与社会风气、社会公德和社会文化都有内在联系，相互影响和制约。如果能够恰当地保持平衡，就会产生积极的作用，如推动竞争、进步、改革和创新等，或者通过增加自己的独特个性，创造与嫉妒对象不同角度的差异，在独特性或实力上实现自我满足。所以说这在情感和境界上都属于一种自我升华和自我超越。

无论是西方社会还是东方社会，人们的嫉妒心总是随着年龄的增长而变化，也因性格或性别不同而显出差异。有淡泊名利的人，也有每天都在嫉妒中度过的人。嫉妒到什么程度，采取怎样的方式加以处理等等，也有很明显的个性差别。可以肯定，一个具有强烈的事业心、十分自信、对未来充满希望且踏踏实实、立足当前并具有刻苦奋斗精神的人，将会比较少地受到嫉妒情感的困扰。也可以肯定，一个志向远大、胸襟开阔、有所追求且对功名利禄淡泊于心的人，也同样会较少地受到嫉妒情感的困扰。与此相反，一个功利心越重、虚荣心越盛、心胸越狭隘、心理越封闭的人，就越容易受到嫉妒情感的困扰。嫉妒心强的人如果再加上任性的恶习，实属险恶之人，十分可怕。轻则对人评头论足、说三道四，重则拨弄是非、幸灾乐祸，过则诬陷他人甚至害人、杀人。一个人的嫉妒之心见之于实际行为，固然危害他人、危害社会，但更多的是伤害自己，危害自己的精神健康，很容易形成病态心理并直接引发精神分裂症；还会使自己逐渐成为一个没有追求、没有自信、没有希望的“行尸走肉”。

（四）贪欲

欲望是人为了满足自己某种需要，想得到某种东西或想达到某种目的要求和想法。古人有关贪欲的论述很多。荀子认为：“欲不可去，求可节。”“从善如登，从恶如崩”，强调行恶易，从善难。明朝吕坤也曾讲过一段富于哲理的话：防欲如挽逆水之舟，才歇力便下流；力善如缘无枝之树，才住脚便下坠。令人深感遗憾的是，人的贪欲虽历来受到贬斥和挞伐，然而时至今日，因受贪欲之累招致祸灾乃至身败名裂者不计其数，可谓不绝如缕。其实，一个人假如什么欲望都没有，就无异于泥塑木雕了，是不会有所长进和发展的。整个人类也是如此，为了满足欲求，不断地改进了工具，提高了生产力，逐步地建设了高度的物质文明和精神文明。欲在这个意义上是积极的，这种欲不仅不能压制，而且有开发和满足的必要。然后，什么事情都有一定的限度，超过限度就要走向反面，有益的变成有害的，合理的变为不合理的，正当的变为不正当的。

贪欲往往隐藏在人的心里，自己是否被贪欲所驱使，不过一念之差。可悲的是，有相当数量的人一旦被贪欲所驱使，往往不能自已，欲罢不能，非到灾难临头或坠入深渊便不能住手。有道是，人最困难的是战胜自己。古希腊哲人苏格拉底就曾经提出，面对没有穷尽的欲望和各种各样的诱惑，能够自制或自律，是人和动物的重要区别。一个没有自制能力的人不值得信任，不能托付他做重要的事情；一个贪得无厌的人，尽管也危害他人，但首先或最终加倍危害的是他自己。

四　马克思关于人性和人的本质的观点

马克思在总结前人理论的基础上，提出关于人性的观点。马克思把人性的理解建立在实践活动基础之上，把生产关系的形成作为人性的形成、人的形成的关键要素予以论述，将社会关系作为人的本质属性予以明确。马克思认为，一是离开现实生产关系人就不能称其为人，实践是马克思给予人的最真实一面。马克思在界定人的社会属性同时，也认识到自然界对人的属性的制约，自然界就它自身而言是人的无机的身体。这是对人与自然关系的微观解释，作为人的组成部分即人存在的必要要素，离开它人类将不复存在。虽然都是从社会视角关注人与自然界关系，但是马克思的视角与其他人性论存在本质区别，马克思认为人与自然是历史和辩证的统一，而非单纯的理论抽象，其人与自然界本质统一的思想，为当今的人性探究奠定了理论基础。

陈新夏在《人性与人的本质及人的发展》[①] 文章中对马克思关于人性和人的本质的标志性进行了探究，他论述道："自由的有意识的活动恰恰就是人的类特性。""人的本质……在其现实性上，它是一切社会关系的总和。"虽然"类特性"即"人性"和"人的本质"都属于人的规定，但二者的含义却大相径庭："人性"表征着人作为类的规定性，从而表征着人与他物的区别；"人的本质"则表征着人作为具体历史的社会存在的现实规定性，从而表征着在特定社会关系中人（群体）与他人（群体）的区别。正如人们所共识的，人的本质作为社会关系的总和、作为人的现实的规定性，是具体的、历史的。但人性则不然：人性在人与他物的关系中属于人独有的"特性"，而在人这个类之中则属于人皆有之且同质的共性。从这个意义上说，人性既是"特性"又是

---

① 陈新夏：《人性与人的本质及人的发展》，《哲学研究》2010 年第 10 期，第 11 页。

“共性”，因而在人这个类之中，人性就必然是普遍的、抽象的。只要承认人具有共性，就必然要承认人性的普遍性和抽象性，虽然抽象的人性必须体现在每个现实、具体的人之中。人性与人的本质具有显著的区别，绝不能将二者等同起来，并且还应当看到，人性与人的本质是共存的，承认人的本质并不必然否定人性，反之亦然。

第一，人性是人独有的，除人之外其他动物均不具备人性。人是人性的唯一主体，只有人才有可能获得人性，除开人之外的其他动物，由于其非人的形式都不可能获得人性。尽管在某些动物身上也可能找到某些类似人的一些道德特点，但由于其主体的形式不是人，所以不能因为有这些类似的特点而认为这些动物就有了人性。

第二，人性是后天获得的，不是与生俱来的。遗传可以赋予人以人的形式，但是不能赋予人以人性。也就是说，人性不是进化的结果，进化可以改进人的形式，可以为人性提供更好的载体，但是进化不能让人获得人性。人的人性只能通过后天成功的社会化才能获得，因此社会化是人获得人性的根本途径。

第三，人性是特定伦理环境中形成的，在道德教诲中完善。伦理环境发生变化，人性也会发生改变。人性是一种价值判断，不同民族、社会及地域有各自不同的价值标准，因此也就有不同的道德，不同的人性。尽管这些道德和人性因为价值判断标准的不同而不同，但并不能改变人性的属性。人性有完美程度之分，但人性的性质无好坏之别。人的形成是在长期的实践和交往中形成的，人性则是在伦理选择的过程中通过教诲形成的，其间的差别只是好与更好之间的差别，而不是好与坏的不同。人的道德修养在伦理选择中不断提升，人的人性也会不断地接近完美。

第二节　马克思主义人的全面发展理论

人的发展问题是马克思、恩格斯十分关注的命题，是其著作中不断重现的重要思想。在《1844 年经济学哲学手稿》中，马克思批判私有制造成人的片面性时就提出了人的全面发展观点：“人以一种全面的方式，也就是说，作为一个完整的人，占有自己的全面的本质。”[①] 在《共产党宣言》中，马克思、恩格斯旗帜鲜明地写道：“代替那存在着阶级和阶级对立的资产阶级旧社会的，将是这样一个联合体，在那里，每个人的自由发展是一切人的自由发展的条件。”[②] 在《资本论》中，马克思把代替资本主义社会的那种新的社会形式称为是“以每个人的全面而自由的发展为基本原则的社会形式”[③]。

一　马克思主义关于人的发展历史考察

人才研究学者赵光辉在其著作《人才发展学》中，对马克思关于人的发展的思想给予了系统的归纳和论述[④]，在他看来，马克思从人类历史发展的角度，将人的发展概括为三大阶段，即人的依赖关系阶段、物的依赖关系阶段、人的自由全面发展阶段。

（一）人的依赖关系阶段

以人与人的依赖性为基础的发展阶段，这是人的发展的第一阶段，从生产关系的角度划分对应的是人的依赖性关系占统治地位的原始社会、奴隶社会和封建社会阶段。在这一阶段中，人类从尝试作为独立的主体面对自然和社会到组成社会组织、建立阶级统治的国家，主要的社会生产活动内容及形式取决于土地的占有和分配，主要受制于自然因素，人在自然界面前作为有限，受自然界的奴役控制，只有结成某种共同体形式才能生存下去。这种共同体最初为以血缘为基础的原始氏族、部落，到了奴隶社会和封建社会表现为领地、邦国、家族等地域共同体。在这种共同体内，人都是互相依赖的，奴隶和奴隶主、佃农和地主、臣属和皇帝等通过土地的掌握和分配建立相互依赖关系。社会关系以及建立在这种生产基础上的生活领域，都是以占有土地进而占有或控制人身为特征的。人们之间的社会联系只限于共同体内部，只是在孤立的领域和狭窄的范围内，发生地方性联系，人们之间还没有形成普遍的

① 《马克思恩格斯全集》第 42 卷，人民出版社 1979 年版，第 123 页。

② 《马克思恩格斯选集》第 3 卷，人民出版社 1995 年版，第 294 页。

③ 同上。

④ 赵光辉：《人才发展学》，知识产权出版社 2016 年版，第 72—76 页。

联系和普遍的交往。在这种状况下，“无论个人还是社会，都不能想象会有社会自由而充分的发展”[①]。原始社会中，人类主体处在为满足其生存需要而进行的近乎本能的生产活动时期，在这种全面依存于自然界的生存情境中人是不可能自由发展的。在奴隶制和封建制社会形态的发展中，人类主体的认识和实践能力有了较大提高，但其生产劳动始终未超出对土地的依赖，人类被束缚在对血缘的、地域的、共同体的依赖关系中，因而其发展极其有限，个体的发展从属于或让位于共同体的利益，被剥削压迫者的发展取决于剥削和压迫者，而剥削和压迫者其生存、生活的一应供给则受制于被剥削者的劳动生产供给。

（二）物的依赖关系阶段

以物的依赖性为基础的发展阶段是人的发展的第二阶段，人的发展表现为物质化的“异化发展”，是以物的依赖性为基础的人的独立性阶段。在这一阶段，生产力获得了巨大发展，“资产阶级在它不到一百年的阶级统治中所创造的生产力，比过去一切世代创造的全部生产力还要多，还要大”[②]。生产关系发生了巨大变革，个人交往不在受制于土地、血缘关系、等级差别，普遍的商品货币交换原则渗透到社会各个领域，人与人的关系通过物的交换联系紧密连接在一起，原先的人对人的依赖关系被人对物的依赖关系所取代，人们在形式上摆脱了固定在特定区域、群落、社区等的限制，走向更具冒险和未知的领域，物质利益的追求成为其最大动力。人的发展更多为物质需求所诱导，个人关系伴随商品贸易的全球扩张不断的扩展和延伸，为人的发展的更高历史阶段的到来创造了条件。

（三）人的自由全面发展阶段

以每个个体自由而全面的发展作为人类发展前提发展阶段，是人的发展的第三个阶段，人的发展表现为人的自由全面发展。

人的自由全面发展阶段是在生产高度发展已经使所有人的物质利益都得到了保障的前提下，才能实现的发展状态。当生产力高度发达，物

---

① 《马克思恩格斯全集》第 46 卷，人民出版社 1979 年版，第 485 页。

② 《马克思恩格斯选集》第 1 卷，人民出版社 1995 年版，第 277 页。

质高度丰富和人的理性高度发展，人的发展所需要的所有条件均已具备的情况下，人与人、人与自然之间达成了和谐，人类将以合乎自然发展规律的方式来改造和利用自然，以符合每个人发展的方式进行自觉管理，社会关系高度和谐，不再作为异己的力量支配人，而是置于人们的共同控制之下。人们摆脱了自然经济条件下对“人的依赖关系”，也摆脱了商品经济条件下对“物的依赖关系”，实现人的“自由个性”的发展。社会发展与个人发展实现了真正的协调统一，社会是以“每个人的全面自由的发展为基本原则的社会形式”，是“自由人联合体”，每个人既能获得和其他人一样的合乎社会各方面要求的人的全面发展，人又能获得与自身脑力和体力相适应的、充分体现自己特长、深刻挖掘自己潜能的、完全符合自己心愿的、最丰富多彩的发展。这是社会发展进入共产主义的境界，也是人的发展的最高境界。

二　马克思主义人的全面发展核心思想①

（一）人所从事的劳动活动全面发展

在马克思看来，人的发展经过历史的演进和自我提升，在摆脱了物的依赖关系之后，将劳动视为一种全面发展的需要，在此状态下，人的活动所表征的意义已经与过往的历史全然不同，劳动活动的目的和劳动活动的内容和形式呈现出前所未有的丰富性、完整性和可变动性，而不再是满足于自我个体的物质需求或精神需求这一贫乏、片面和固定的境界。人们改造自然、改造社会、改造自身的活动全面丰富，不再受分工和狭隘的职业所限制，每个人都能够按自己的天赋、特长，自由选择劳动活动领域，劳动活动的内涵和外延前所未有的扩大和全面。

（二）人与人、人与自然的社会关系全面发展

马克思认为，物质资料生产劳动是人类的存在方式和活动方式，它是人类所有活动的前提，也是社会关系形成的前提。生产劳动的发展，生产力、分工和交换的发展促成了人的交往的扩大，个人活动不再局限于狭小的地域和单一的族群，独立的个体越来越积极地参与到各领域、

① 赵光辉：《人才发展学》，知识产权出版社 2016 年版，第 72—76 页。

各层次的社会交往活动之中，交往以其前所未有的速度和辐射范围予以建立和实现，人与他人和社会的交往从物质层面到精神层面充分展开，从自发的自然共同体交往、社会共同体交往全面转向世界共往，个人越来越成为世界中的个人，成为世界性的公民，并与世界的生产发展密切联系在一起。

（三）人的自我管理和个性的自由发展

人的个性随着人活动的多样化、社会关系的丰富化而不断发展。人的自觉能动性、创造性和自主性得到全面发展，模式化、同步化、标准化的个性被独特的人格、理想、社会形象和能力体系所塑造的多元个体形象替代，每个个体都显现着自己独特的存在，呈现出与众不同的差异性，社会因此充满生机和活力。人的主体性得到不断释放是当今时代的显著特征，在信息多元和开放的时代，人作为社会实践活动的主体，在改造客体的相互作用中也不断改造和提升作为主体自身的综合素质，以往的依附性和服从性的影响力已逐步褪去或隐循，人作为主体的自觉性和主动性在认识、利用和改造自然、社会方面得到更多的表征，自由发展成为时代主角。

三　马克思主义人的全面发展理论在新时代的发展

关于人的全面发展理论内涵，伴随着时代进步认识也在不断深化，不断丰富和完善。王锐生认为，人的全面发展可以被理解为作为未来社会中最高原则、理想化纯粹状态中的人格理想，还可以被理解为作为党的各项发展政策的人文价值取向①。赵光辉认为，当前所讲“人的全面发展”所含要义：一是要使“人”或绝大多数的人，而不是一些人或者少数人才发展；二是针对资本主义私有制、奴役式的分工和竞争所造成的人格片面发展、畸形发展，提倡在社会主义和谐宽松的环境中，使人的各方面素质和能力得到全面和谐的发展；三是应该提倡多样化、个性化的充分发展；四是全面发展只能是相对的，在同一个历史水平上，全面

① 王锐生：《论人的二种全面发展》，中国人学学会《人学与现代》，广西人民出版社2002年版，第58页。

发展要比片面发展更好，但是在不同发展水平上，全面发展与片面发展比较，后者不一定就不好。当前我国的经济、文化、教育发展水平不是很高，要契合实际提倡与客观条件相适应的发展，使人才发展状况既能满足社会角色所需要又能在自我实现的丰富性和独特性方面有所提高；五是衡量人的全面发展状况，不能着眼于人的特长……只有身心健康、德才兼备，在丰富的人生领域中多有作为才可称为人的全面发展①。

党的十八大以来，围绕实现人民对美好生活的向往和追求、围绕实现中华民族伟大复兴的中国梦的实现问题，习近平多次就人民的发展问题、人才的发展问题提出要求。习近平指出，中国梦“意味着每个人都能在为中国梦的奋斗中实现自己的梦想”②，中国梦这个大的历史舞台，给予了每个人梦想实现的可能。在全面建成小康社会的道路上，“一个民族都不能少”③，“不能丢了农村这一头”④。着力践行以人民为中心的发展思想，要坚持人民主体地位，顺应人民群众对美好生活的向往，不断实现好、维护好、发展好最广大人民根本利益。要通过深化改革、创新驱动，提高经济发展质量和效益，生产出更多更好的物质精神产品，不断满足人民日益增长的物质文化需要。要全面调动人的积极性、主动性、创造性，为各行业各方面的劳动者、企业家、创新人才、各级干部创造发挥作用的舞台和环境。⑤ 在十三届全国人大一次会议上，习近平指出：“我们必须始终坚持人民立场，坚持人民主体地位，虚心向人民学习，倾听人民呼声，汲取人民智慧，把人民拥护不拥护，赞成不赞成，高兴不高兴，答应不答应作为衡量一切工作得失的根本标准。”⑥

---

① 赵光辉：《人才发展学》，知识产权出版社 2016 年版，第 21—22 页。

② 习近平：《习近平谈建设社会主义文化强国》［EB/OL 2016 - 08 - 30］，http：//news.xinhuanet. com/politics/2014/08/07/c_ 127214524. html。

③ 习近平：《习近平总书记会见贡山独龙族怒族自治县干部群众代表侧记》［EB/OL 2016 - 08 - 30］. http：//news. xinhuanet. com/politics/2015 - 01/22/c_ 1114097410. html。

④ 习近平：《习近平在福建调研》［EB/OL 2016 - 08 - 30］ http：//cpc. people. com. cn/n/2014/1102/c64094 - 25958997. html。

⑤ 《习近平关于“不忘初心、牢记使命”重要论述选编》，中央文献出版社 2019 年版，第 219 页。

⑥ 习近平：《在十三届全国人大一次会议闭幕会上讲话》，《人民日报》2018 年 3 月 21 日第 1 版。

这是在新的历史条件下对如何坚持以人民为中心的创新发展。在党的十九大报告中，习近平特别指出："必须坚持人民主体地位，坚持立党为公、执政为民，践行全心全意为人民服务的根本宗旨。"[①]这些新的思想、论断，将个人发展和整个社会的全面发展结合起来，更加符合我国社会发展要求，富有中国特色和时代气息，丰富了人的全面发展的理论内涵。

第三节　新时代对人的管理、人才管理提出的新命题

人类社会现代化的过程，是人类社会进步与新的社会文明形态诞生和发展的过程。随着时代的发展和科学技术的日新月异，特别是逆全球化浪潮和贸易保护主义的泛起，关于人的管理、人的发展问题再度成为时代发展关注的焦点，这既与人类社会现代化过程中所引发的一系列矛盾与冲突直接相关联，又与人类社会发展演变新的特点与新的要求相关联。与此同时，中国在推进构建人类命运共同体方面进行的积极努力，也为人的管理和人才管理研究与实践，提供了新的机遇。

一　人的发展进入全面现代化历史新阶段[②]

现代化是迄今为止人类发展史上最为深刻和波澜壮阔的社会运动，这一运动为人类社会发展带来的深刻影响和天翻地覆的变化，是人类历史上的任何一次变革都无法比拟的。从工业革命的发轫到5G时代的来临，人类在不到300年的发展历程中，呈现出以乘数比例加速增长的图景，令人震撼和鼓舞。然而，任何事物的发展都具有两面性。现代化同样也是一把"双刃剑"，它既创造了前所未有的物质财富与精神财富，又导致人类的生存与发展陷入了严重的危机之中。普遍存在的焦虑与浮躁，在人的发展与自然的发展上，呈现的状态与态势，引人深思。

---

① 习近平：《中国共产党第十九次代表代会工作报告》，《人民日报》2017年10月19日第1版。

② 赵光辉：《人才发展学》，知识产权出版社2016年版，第2—5页。

现代化在本质上而言是从人的发展与社会发展双重层面，对传统社会的否定与超越。这种否定与超越，既反映在社会性质、社会结构与社会形态的差异上，也反映在社会生产方式、社会生活方式及社会生活面貌的变革与发展上。正是这种否定与超越，在不断改变人类存在与发展的社会基础的同时，不断改变人类存在与发展基本关系的性质及其发展状况。如果说在传统的农业社会，人类的生存与发展由于社会生产力发展水平的制约而未能突破种群、区域和国家界域限制，未引起人类生产力发展水平与自然、社会文化的矛盾与冲突的话，那么，现代社会的诞生及其现代化的迅速发展，则完全改变了传统农业社会人类生存及其发展与自然、社会的和谐状况。与原始社会和传统农业社会的人类生存与发展的景象不同，现代社会不仅是一个充满矛盾与冲突的社会，而且是一个不断制造和传播矛盾与冲突的社会。现代社会矛盾与冲突的产生，根源于现代化发展所引发和导致的人类生存与发展基本关系性质及其状态的变化。人类社会现代化的发展，既是建立在现代科学技术主导的现代生产方式之上，也是建立在个体分化与个体相对独立、自主与自由的社会关系条件基础之上。现代科学技术主导的现代生产方式的发展，在迅速地推进人类政治、经济、文化发展的同时，也必然造成人与自然的紧张和对立；面对个体的分化与个体相对独立、自主与自由性的获得，促使个体生存与发展，从物的依赖关系中解放的同时，也加剧了个体与个体，个体与社会之间的矛盾与冲突。可见，现代化之所以会引发人类生存与发展的危机，是因为现代化本身就内含着许多自身无法克服的困境与悖论，其实质是现代化发展所制造或生产的矛盾与冲突。由于这些矛盾与冲突具有内在性，因而，人们一般将现代化本身制造的矛盾与冲突称为现代化的困境与悖论。这些困境与悖论主要表现在以下几个方面。

（一）人与自然生态的矛盾加剧

工业革命的兴起及迅猛发展，一方面，有力地推动了人类文明演变的历史进程，使人类社会由封闭的、相对简单的传统社会形态跃迁到开放的、多元的现代社会形态；另一方面，现代科学技术突飞猛进的发展和现代生产方式的迅猛扩张，使全球社会工业化、城市化、市场化、信息化的进程日益加速，从而导致了人类发展与自然、社会的矛盾日益突出和尖锐化。伴随着现代化在全球范围内加速，这种由于发展而导致的矛盾与冲突，不仅未能因为人类现代社会文明的发展而得到逐步消解，反而呈现出日益尖锐化的倾向。

（二）主体扩张与客体制约的矛盾加剧

人类由传统社会向现代社会的转变，即现代化的发展，是人类主体意识增长和社会文化性不断发展所导致的必然结果。在这一过程中，一方面现代科学技术的迅速发展和现代生产方式的不断革新，为人的解放和主体意识的增强创造了越来越丰富的物质条件；另一方面，人的主客观对立的特性决定了随着人的主体性的扩张，其作为客体性的一面也必然会得到不断强化。这就注定了现代化过程中人的发展必然会始终受到其自身所创造的客观对立面的制约，因而人的自由与解放也必然是相对的。现代化的发展，在创造着促进个体分离与独立的社会条件的同时，也制造着限制和束缚个体解放和通向自由存在与发展的客观对立面的力量。

（三）人类价值追求的定性与多变性的矛盾加剧

人类社会现代化的过程，也是一个人类价值不断解构与重建的过程。在这一过程中，随着传统社会的解构，传统的文化价值已失去其历史的光环和价值指规；同时，现代社会的开放性与即时性，又导致现代文化面对纷至沓来的文化碎片冲击，无法经过有序的整合而形成新的传统。传统的解构在导致文化断裂的同时，也使人的生存失去了意义的支持和价值的引导；而现代生活的纷繁多变和日趋世俗化的发展，使人对生存意义的追寻和稳定的价值理念获得的梦想，越来越成为无法确定与难以企及的奢望，这其中的矛盾与冲突集中统一到人的发展命题之中。

（四）全球化与民族化的矛盾加剧

现代科学技术的迅速发展、社会生产方式的日益革新和实践交往方式的不断进步，一方面，使资本的扩张超越了时空界限的制约，导致世界各国各民族的发展具有了越来越高的依赖性，从而使全球化成为人类社会发展的必然趋势；另一方面，资本主义与西方价值观的扩张，促成了世界民族国家间的相互冲突。国家主义、民族主义在全球化的发展中不仅未能得到削弱，反而在民族与国家生存的激烈竞争中不断得到强化。正因为如此，现代化的发展在带来全球政治、经济、文化一体化发展的同时，也加剧了不同国家、民族之间的矛盾冲突。

二　防止人的异化是当代人的发展面临的主要问题

现代化的发展，既是以个体的分离和个体对群体的依赖关系的解放为重要条件，同时也会不断地促进个体从社会依赖关系中分离，而使其越来越成为独立、自主与自由的生存与发展体。现代化的发展对个体的解放而言，一方面极大地解放了人类自身并且有力地促进了人类自身的进步与发展；另一方面由于人的主体意识的无理性高涨和主体性的过度扩张，不仅限制了人类健康的发展，而且对人类的生存与发展造成一系列危害与灾难。基于对现代化的反思而兴起的人本主义思潮在全球范围内的传播，使人本主义的理念深入人心，人的现实幸福、生存与发展问题受到人们的普遍关注和高度重视。如何使人摆脱“物”的奴役，防止人的异化问题引人深思。

在此情况下，“以人为本”的发展观被日益重视。以人为本的发展观顾名思义“就是社会的一切发展既依赖人的发展又为了人的发展，人既是发展的目的，又是发展的手段[①]”。这一发展观内含着全新的发展理念和内容，较之于资本主义扩张时期的那种“以物为本”的发展观有着巨大的进步性和科学性。在以人为本的发展观里，人既是社会发展的起点，又是社会发展的归宿与目的；人的发展与社会的发展具有统一性，而不是具有分裂性；人的健康发展有利于人与自然、社会关系的协调统一，或者说人与自然、社会关系的协调统一是人的健康发展的根本要求。现代社会的诞生及其迅速发展，为人类个体从自然性群体中的解放创造了重要的现实基础与条件，因而现代化的发展极大地促进了人类个性的解放和人的个性积极自由的发展。正因为如此，现代社会诞生以来，伴随着劳动的专业化分工与社会生活分化的不断发展，人类个体在获得广泛的自主性、独立性与自由性的同时，主体意识和个体性也得

① 郑永廷等：《人的现代化理论与实践》，人民出版社2006年版，第406页。

到了极度的张扬。然而，人的主体性意识和个体性的过度张扬，虽然极大地促进了人类个体的多样化发展，但也导致了极端个人主义和人的物化发展倾向的加重，给人类的生存与发展带来了巨大的灾难。然而，不可否认的是，人的主体性正是人类在对现代化发展所造成的人的发展的物化现象的反思中得到确立，是历史进步性与必然性的反映。

因此，在反思人在现代化过程中过度物化同时，人的文化化发展也正日益被提起，其也成为我们在研究人的自我管理时的重要逻辑分析要求。从社会文化呈现的状态来说，人是最重要的文化形态，文化最主要的形态或者说主要承载者是人类自身。人类是已知宇宙间高级的物质形态，人的生命体是物质力量和精神力量的合力呈现，是物理属性、化学属性和生物属性的和谐统一，尽管许多动物在某些结构和功能方面可能会大大超过人类，但人类生命作为智能和体能的和谐统一，呈现出完全超出个体物质特征的文化意义。作为最重要的物质文化形态，人类自身具有社会属性，既有经济属性、政治属性，又有文化属性等，是社会人、文化人和文明人的集合，也是以社会和文化的方式生存和发展的高级文化形态。人类不但是最重要的物质文化形态承载者，而且也是最重要的精神文化形态承载者。人类自身作为文化的继承者、积淀者、彰显者、传播者和创造者，本身就是最具有生命力的文化载体，是文化载体和文化本体的和谐统一，人的思想、情感、智慧、意识、无意识、知情意等心意诸力，无不具有文化的内涵。卡西尔曾经把人视为符号动物和文化动物，认为我们应当把人定义为符号的动物（animal symbolicum）来取代把人定义为理性的动物。他通过文化哲学和哲学人类学的结合，实际上揭示了“人—符号—文化”三位一体的内在逻辑，其核心和关键是把人看作文化动物或者符号动物。卡西尔的重要之处在于他看到了人需要通过符号来创造文化，但是由于他受到符号理论的束缚，因而没有继续深入探讨人自身的文化性。因此，我们无论是从文化史还是文明史的角度来看，人类自身不但是文化史和文明史的创造者和承传者，而且也是文化史和文明史最重要的载体和显现者；不但承担着文化符号的特殊功能，而且自身恰恰就是最重要的文化形态。在文化全球化的发展走向中，把人看作最重要的文化形态，这对于人的发展具有特殊的重要意义。①

三　人才发展成为时代发展的首要任务

知识经济时代的到来和迅速发展，不仅迅速地改变着人类存在与发展的社会关系基础，为人类独立、自主与自由的存在与发展创造着更为优越的社会条件，而且使人力资本的价值得到空前凸显。

（一）知识经济时代张扬人的价值

知识经济时代的到来及其迅速发展，使人力资本的价值得到空前凸显，这是由知识经济的本质特征决定的。知识的创新是知识经济赖以存在与发展的根本力量。没有知识的生产、知识的创新，就不可能有知识经济的产生。而知识的产生与创新，无疑离不开人力资源的开发。人是知识生产与知识创新的主体，因而没有人的进步与发展，没有人的能力、素质和潜能的开发，也就没有人对知识的生产，因此，在知识经济时代，人力资本的价值必然会得到前所未有的凸显。

（二）人的创造力是知识经济时代社会发展的源泉

面对知识经济发展的挑战，世界各国的专家、学者和政府首脑都把人力资源的开发、人的素质的提高、人的教育与培养、人才争夺等一系列有关人的发展和现代化问题，作为21世纪的重大发展战略问题而予以高度重视。无论是发达国家，还是发展中国家，都相继制订了教育、培养和促进人的现代化发展的战略计划，并以此谋求在知识经济与全球化发展的激烈竞争中获取主动和战略优势地位。改革开放以来，我国政府对人力资源的开发、人的教育与培养、人的现代化发展等关系国家发展和未来竞争的重大战略问题给予了高度重视，以人为本的发展观的提出，不仅为我国人的现代化发展奠定了基础，而且为我国社会的健康、和谐与可持续发展奠定了基础。

（三）“人类命运共同体”思想为人才发展创设了全新局面

党的十八大以来，习近平总书记多次阐述以合作共赢为核心旨意的

---

①　薛永武：《关于文化与文化产业研究的几个理论问题》，《中国海洋大学学报》（社会科学版）2008年第3期。

"人类命运共同体"主张。构建"人类命运共同体"是习近平把握世界发展格局变化趋势，高屋建瓴提出来的中国方略，蕴含了中国文化"有容乃大""和而不同"的大智慧，体现了"天下为公""万邦和谐"的中国政治理念。习近平"人类命运共同体"思想的提出有着鲜明的时代背景，是适应新全球化进程及"逆全球化"背景下人类社会发展的客观要求。这正如马克思所指出的："历史从哪里开始，思想进程也应当从哪里开始。"①

从提出树立"人类命运共同体"意识，到倡导和推动不同主体、内涵和范围的"人类命运共同体"的建立，习近平的"人类命运共同体"思想形成了内涵丰富的逻辑体系，蕴含了深邃的思想智慧。2015年9月28日，习近平在第七十届联合国大会一般性辩论时的讲话中提出："和平、发展、公平、正义、民主、自由，是全人类的共同价值，也是联合国的崇高目标"；"每个国家都有发展权利，同时都应该在更加广阔的层面考虑自身利益，不能以损害其他国家利益为代价"；"发展的目的是造福人民。要让发展更加平衡，发展机会更加均等、发展成果人人共享，就要完善发展理念和模式，提升发展公平性、有效性、协同性"；公平和正义是超越建立在对立斗争基础上的，以牺牲别国利益而谋求自身和部分利益为目标的全人类的共同追求；民主既包括"找到全社会意愿和要求的最大公约数"。② 习近平主张和希望的全人类"共同价值"所包含的具体内容，这些内容充分体现了其站在全人类的立场，充分尊重和照顾"体量有大小、国力有强弱、发展有先后"等不同国家的历史传统、发展道路、制度模式、核心利益以及世界文化的多样性、多元性和复杂性，最大程度和范围内寻求人类共同利益的交汇点的视野、境界与情怀。

当前，民族主义、贸易保护主义、民粹主义等在包括发达国家在内的世界各地都有所抬头，并深刻影响着"人类命运共同体"的发展。

---

① 《马克思恩格斯选集》第2卷，人民出版社1995年版，第43页。

② 习近平：《在第七十届联合国大会一般性辩论时的讲话》，《人民日报》（海外版）2018年10月17日第5版。

在这种条件下，全球化与民族化的矛盾出现了更为复杂的情况，既有先进与落后的矛盾，也有普遍主义与特殊主义的斗争，还有同质化与多元化的冲突。这就要求我们一方面站在人类社会进步和世界历史发展的高度，将人类主体与民族主体的立场有效协调起来，即从人类社会整体的立场和角度来看待全球化、现代化的历史进步性和必然性，通过研究发达国家实现现代化的历史进程和经验教训，认识和把握全球化和现代化的客观规律和发展趋势，及其对落后国家和民族实现现代化的启示和借鉴；另一方面，要从本民族的立场和角度出发，深入反思和认识自身的历史进程、传统文化、现实国情，充分借鉴和吸收包括发达国家创造的人类一切优秀文明成果，并使之与全球化、现代化的发展潮流有机结合，探索自身参与全球化和实现现代化的新道路，创造出具有自身民族特色和体现国情特点与世界发展趋势相统一的现代文明。正如习近平所指出的，只有在尊重差异、和而不同的基础上，才能在国家间求同存异、聚同化异。这就需要我们客观认识和正确处理这一进程中的统一性与多样性之间的关系。

一是客观认识和正确处理经济社会发展规律的客观统一性与其在不同民族国家表现形式多样性的关系。在世界历史发展进程中，经济社会发展有其自身客观规律，是不以人的意志为转移的，但这些规律的实现形式，又必然与民族国家自身的具体条件联系在一起，其实现方式和路径是多样的，其结果也是以不同的方式呈现出来，从而形成了我们所看到世界的多元和多样。在我们研究和洞悉社会本质上统一性的同时，也要注意不同民族国家因具体条件不同而形成的路径选择和表现方式的多样性，并以此为基础主动改革经济、政治、文化体制中与现代社会发展要求和人的自我发展等不相适应的部分，为经济社会发展与人的全面发展创造条件。

二是客观认识和正确处理世界性交往原则和规范的统一性与不同民族国家利益诉求之间差异性的关系。人类命运共同体需要普遍承认和遵守的国际交往原则和规范。但这并不意味着所有民族国家都无视自身特殊的发展阶段、主要矛盾，而放弃自身的特殊利益诉求。在这样的情况下，我们一方面要接受世界性交往原则和规范的进步性特征；另一方面，更要在参与全球化进程的实践中，逐渐使其更加合理、公正和平等，更加有利于人类的整体利益和长远利益。

三是正确认识和处理人类发展方向的统一性和不同民族国家发展阶段及道路选择差异性的关系。就人类社会整体而言，其发展方向、发展趋势、发展规律具有一致性和统一性特征。这就需要我们认清并承认，作为落后国家在发展阶段上的特殊性，以及发展差异性，从人类发展的高度审视自己的问题，并选择既符合自身发展特点，又符合人类社会发展方向和趋势的发展道路。①

习近平“人类命运共同体”思想对于我们在新的全球化背景下突破“西方历史”范式下的西方中心主义和“中国历史”范式下的中国中心论，在“世界历史”范式下的比较视野中深入探寻和把握中国与世界、民族国家与全人类、社会主义与资本主义等复杂多变的关系，把握本命题所研究的人的管理与人才发展具有重要的方法论价值。

① 刘志礼：《习近平“人类命运共同体”思想探析》，《理论探索》2017 年第 4 期。

第二章　自我管理的内涵、特征、原则及相关理论研究概述

管理是为了实现一定的目的而进行的有组织的社会实践活动。人类在认识世界、改造世界的实践活动中，不断加深对自身的了解和管控，总结自我管控的经验，为人的自我管理提供了历史参照和经验素材。当人类社会的脚步走到20世纪80年代的时候，管理科学领域出现了一次新的飞跃。1981年，“罗马俱乐部”总裁奥雷利奥·佩西向国际社会提交了著名的关于人类未来的研究报告——《未来的一百年》。他在报告中指出：学会如何治理世界，必须首先学会如何管理我们自己。他所说的“管理我们自己”，既是讲整个人类的自我管理，也是指每个人的自我管理。奥雷利奥·佩西关于人的自我管理的研究和对这一发展趋势的展望，受到了国际社会尤其是发达国家的普遍重视，各界人士踊跃参加了持续较长时间的关于“未来的人应是怎样的”国际研讨。大家普遍认为，随着经济的发展和社会的变革，未来的人将逐步发展为具有独创精神，自行学习，自我教育，自己管理自己的一代新人。弹指间，近40年过去了，伴随着人类社会实践的丰富与深化，理论探索的不断创新，在人的自我管理研究领域，相继出现或酝酿着一系列突破；在经济全球化、政治多极化、文化多元化、社会信息化的浪潮中，涉及人的自我管理的研究报告和各类专著相继问世，令人目不暇接。这一切对于推动人类社会的不断进步、促进人才的全面发展和生活质量的持续提高产生了十分积极的作用和影响。

第一节 自我管理的内涵

人的自我管理随着人类社会的现代化而产生和发展，真正把自我管理作为一个科学范畴提出来，还只是近几十年的事情，而尝试运用管理学、心理学、社会学、人类学等现代科学理论，把自我管理作为现代管理科学重要内容加以系统研究，目前尚处于起步阶段。在管理科学领域里，专家、学者们关心、研究的主要问题，是如何管理社会、政党、国家、军队、区域、企事业单位、各类经济与社会组织及相关领域的诸多问题，或者是探讨如何管理他人和下属等方面的问题，而对于如何管理自己的问题，关注和探究得相对少一些。社会学、社会心理学对人的社会化、人与社会的相互影响、人的社会心理及行为等进行了广泛而深入的研究探索，这为人的自我管理研究提供了可观的理论借鉴和丰富的研究材料，但这些研究更多是注重“社会”这个大视角，从人类个体的自我管理角度进行深入剖析相对较少。心理学的研究，尤其是关于自我意识、自我认知、意志、人格、需求、动机等方面的研究，为我们深入人的内心世界，探索人自我管理的心路历程提供了指向标，但这些还远远不是自我管理本身。

自我管理是一个古老的命题。人类脱离了动物界，从发展出意识开始，在与自然、社会互动的生产生活活动中，无时无刻不在管控自己，只是那时的自我管控缺乏必要的理论指导，主要依靠不断的经验总结。无论管理者还是被管理者，都须臾离不开自我管控问题，尤其是管理者，由于其在社会组织中的独特作用，其自我管控显得尤为重要。孔子认为，一个人尤其是领导者，只有首先管好自己，才可能管好别人，“其身正，不令而行；其身不正，虽令不从”①。在中华民族的传统美德中，倡导“修身齐家治国平天下”，就是把“修身”放在首位，“吾日三省吾身”“内省慎独”等许多精典的论述等，都集中体现了自我管理的理念。

① 《论语·子路》。

自我管理又是一个崭新的课题，因为时代在不断发展，而每一个时代都赋予其新的内涵，要求其做到与时俱进。建立在当代社会科学最新研究成果基础上的自我管理，比以往传统的自我管理有了更加丰富和深刻的内涵，更能体现以人为本精神。它不是一个简单的、追求时髦的口号，而是一门科学，一种生活的智慧和艺术。自我管理是一种动态的成长和完善的管理，是培养个体理性力量的基本功，是人把知识和经验转变为能力的催化剂。无论什么人、什么文化程度、从事什么职业、生活水平怎样，在一生中有一点是共同的，那就是在不断学习和总结中学会管理自我。一个人只有能够管理和控制自我，才能正确地运用世界观、价值观来实现成功之梦。如果自我管理做得不好，即使获得了暂时的成功，最终也是一场空。在人类社会已进入21世纪的今天，“人的自我管理”作为跨学科领域的崭新课题，迫切需要人们综合运用管理学、社会学、教育学、人才学、心理学、生理学、伦理学和成功学等多学科的理论与方法，对其管理的内涵、特征、机制、内容、意义及其规律进行深入的研究和准确的把握。美国学者雷恩给管理下的定义是涵盖了自我管理的内容，他说：“给管理下一个广义而又切实可行定义，可把它看成是这样的一种活动，即它发挥某些职能，以便有效地获取、分配和利用人的努力和物质资源，来实现某个目标。”①

作为一种新兴的管理，自我管理是与人的自我实现相联系的，是人自我实现的重要途径和手段。按照马斯洛的观点，自我实现是人最高层次的需要。② 中国古人“修身、齐家、治国、平天下”的主张，实质上指出了自我管理在社会管理中的基础地位问题，一个人想要实现对外部、对社会管理（齐家、治国、平天下），就必须先进行或达成自我管理（修身）。尽管人们未必有意识地认识到自我管理在社会管理中的这一地位和作用，但它却潜藏或隐蔽在社会管理中并在其中发挥着应有

① ［美］丹尼尔·A. 雷恩：《管理思想的演变》，李柱流等译，中国社会科学出版社1997年版，第2页。

② 郭海龙：《国内自我管理研究存在的问题及出路探讨》，《重庆社会科学》2005年第2期（总第121期）。

作用。①

郭海龙认为，现代化是自我管理得以凸显和发展的根源。现代化使自我管理的凸显和发展既成为必要，也成为可能。现代化是社会现代化、管理现代化与人的现代化三者并驾齐驱的过程。因此，自我管理与社会现代化、管理现代化、人的现代化是有机联系的整体。一方面，现代化使自我管理发展成为必要，知识经济时代知识型员工的出现、管理思想现代化、现代领导方式变革等都使自我管理成为必要。另一方面，现代化使自我管理的凸显和发展成为可能，社会现代化、管理现代化、人的现代化都为自我管理提供了可能性空间。从社会现代化角度来说，生产力发展（科技进步和网络发展、闲暇时间增加）、生产关系进步、交往的丰富和扩大使自我管理成为可能；从管理现代化来说，自我管理是人本管理、目标管理与学习型组织的要求；从人的现代化来说，现代人所具有的自我意识、主体意识、责任意识等方面都为自我管理创造了条件。②

从现代化角度来考察自我管理，自我管理的内涵应该包括如下几点内容。

一　身心和行为的自我调节与控制

随着现代化进程的加速，使得现代人因紧迫的工作生活压力，身心健康面临严峻挑战，做好自我管理的首要前提就是如何做好自我身心调节和行为控制，为自我持续发展打好健康基础。众所周知，人的身心与人的行为关系密切，人的行为是环境影响和刺激下所引起的内在生理和心理变化的外在表现。当健康的人在作出适度行为时，会依据自身的身心健康状况和掌握的资源条件，在社会规范和要求范围内，理性地控制和管理自己的行为，尽可能抵制非理性因素的影响，以保证人生目标的顺利实现。因此，培养和增强人们的自我身体调节和行为控制能力是自

① 郭海龙：《国内自我管理研究存在的问题及出路探讨》，《重庆社会科学》2005 年第 2 期（总第 121 期）。

② 同上。

我管理的必然要素之一。

二　知识和潜能的自我管理与开发

完善的自我知识管理是现代人最重要的标志之一。自我知识管理是个人为了获得发展优势和职业竞争力，持续深入发掘和利用知识的一种个人管理方式，是个人知识获取、存贮、创新、经营的管理过程。在这一过程中，同时也伴随着人的自我潜能的开发。人的潜能是客观存在着的，每个人身上都有尚未开发的巨大潜能，潜能更多表现为人的创造力、创新力，在人才的开发方面尤为重要。每个人都应把开发具有丰富想象力、敏于感知事物的智慧及激发他的潜能放到重要位置。

三　时间和生命价值的自我管理与选择

现代化大大加快了社会生活的节奏，进而使人们认识到个人时间的有限性和对时间进行有效管理的必要性，这是个人自我意识加强的结果。个人时间管理是为了认清时间的本质，避免被时间所异化，从而为自我发展服务。个人时间管理的有效性放大和延长了个人生命的数量和质量。个人的时间感使人以新的方式提出生与死的关系问题。死亡是人生最大的现实可能性。面对死亡，人们开始反思存在的价值以及做好如何应对死亡的策略，而这就意味着对死亡进行自我管理。

四　职业发展的自我管理与规划

对职业生涯进行管理是现时代的要求。随着我国现代化的推进和市场经济的确立，我国职业生涯管理的主体也从过去由“组织”负责，逐步向个人对自身负责转变。从个人自我管理角度来看，有计划、有规划的职业成长路径显然更有利于个体人生价值的实现，因此在自我管理的过程中，对于个体发展职业规划将是自我管理的重要组成部分。作为一种自我控制，良好有序的职业发展规划，要求人们建立合理的阶段目标和任务并将其付诸实施。

对于组织而言，自我管理是实现人本管理的有效形式，组织通过激发员工内驱力，促使员工最大限度实现自我管理，既可以最大限度发挥员工自身的潜能，实现员工全面自由的发展，又可以大幅减少管理环节与成本，而其中关键在于将组织目标与个人职业规划充分的结合，形成良好互动。在具体手段和理念应用方面，目标管理是最能够实现组织管理与自我管理的有效结合、人本管理与科学管理的有机结合的举措。目标管理核心是强调成果，重视成果评定，提倡个人的自我管理，通过目标激励来调动员工的积极性，从而保证组织目标的实现。

总而言之，自我管理对于人的现代化的一个重要贡献是其为“现代人”注入了新内涵：现代人也应该是自我管理能力强的人。人的现代化离不开个人的自我管理。自我管理是人的现代化实现的现实条件和基础。自我管理扩充、丰富和饱满了现代人的内涵，并构建了新型的“现代人”。人的现代化是促进个人发展的有效手段和根本途径，人的现代化的实现必须通过个人的自觉意识和活动来具体表现，并以人的自由全面发展为起点和归宿。在此，自我管理构成了人的现代化的实现途径和内在机制。

第二节　自我管理的特征和原则

人具有自然和社会的双重属性，是物质和精神的统一体。人的自我管理也是一个伴随人的自然成长和社会化、文化化的过程，目标的确立、行为的控制、时间的利用、信息的处理、健康的维护以及对学习方式、个人财产、人际关系的管理等诸多领域，都会在不同层面体现自我管理。

一　自我管理的特征

（一）独特的一体化特征

自我管理是管理主体与客体的同一，管理的主体是“我”，客体还是“我”。在整个管理活动的过程中，管理的主体与客体目标指向都是同一个“自我”；同时，管理者与管理对象、管理要素以及所拥有的内在资源之间也都呈现出高度的统一性。这是自我管理区别于其他管理活动的最为显著的特征。正如郭海龙在《现代化与自我管理问题研究》

文中所言："自我管理者既是剧中人又是剧作者。……从管理主体看，自己就是自我管理的主体，是自己的管理者。从管理客体看，自我管理以自己为管理的对象，以自我拥有的各种资源（如心理、行为、身体、知识等）为管理对象，这是集中体现自我管理本质的特征。从管理工具看，自我以自身素质，尤其是以自我认知、自我情感和自我意志等心理品质为工具去管理自己。因此，在个体自觉塑造自我的活动中，自我管理实现了管理主体、管理工具和管理客体三位一体。也就是说在自我管理活动中，管理主体、管理工具和管理客体都是同一个自我。自我管理正是以此最根本的特征而区别于其他管理活动。"①

有效的自我管理，是主体的"我"与客体的"我"之间达成由内而外与由外而内的双向互动，是目标与任务的同步一致，这个过程中外在的因素起到催化与保障作用，形式与内容之间实现完整统一。当然，在现实当中，也存在无效的自我管理，即上述情形的在形式上一致和内容上不同步，但就其最终目标而言，仍是归于统一。

（二）过程的内隐化特征

无论定向、计划、组织、控制，还是决策、执行、反馈，自我管理的过程是内隐式的，虽然管理过程中的一些信息来自外界，一些辅助性的技术管理手段可以外化为物质形态，但自我管理的本质和主要内容是心理过程，因此，自我管理更多受个人人格类型、自我认知、自我意识、需求层次、动机水平、意志品质等心理因素的影响。根据郭海龙的观点，这当中有两个关键向度：人文向度与技术向度。人文向度的自我管理主要侧重反映一个人在道德修养、学术水平、文化教养、组织配合等方面所进行的自我觉知、自我筹划和自我实现的总体性状况。人文层面上的自我管理的可塑性空间和弹性很大，是一系列开放的话题，没有固定的标准答案。但无论是人文向度还是技术向度，其成长历程均是一个不断积累的过程，其自我认识、自我设计、自我学习、自我协调和自我控制等方面的相关意识和相关技术不会瞬间达成，需要不断进行实践

① 郭海龙：《现代化与自我管理问题研究》，中国社会科学出版社2007年版，第54—55页。

和检验才能反映出来，内隐化特征十分显著。

（三）鲜明的个性化特征

人的社会本质规定了自我管理的方向性，舍此无从确定自我管理的内容。然而，正因为自我管理过程是内隐的心理过程，每个人丰富多彩的个性特点，所以难以规定千篇一律的固定管理模式。每个人都是一个相对独立的个体，拥有一个自我的世界，在这个世界里，虽然资源丰富，但能否不断开发并充分利用则大相径庭；正如世界上没有两片完全相同的树叶一样，世界上也没有两个完全相同的人；不仅每个人的经历、处境、素质、意识和能力千差万别，而且不同人、不同时期的自我管理内容都有不同的重点，各有其差异性。所以说，人才的自我管理只有一般的规律可循，没有包治百病的灵丹妙药可用。

自我管理有其实现的必要性和可能性，但面对同样的目标任务，不同人在实现方式、方法和最终结果上会呈现出鲜明的个性特色。自我实现的价值作为目标存在着，而且它们也是真实的，尽管还没有现实化。所以它不会仅局限于理性的构设，而最终会成为现实性的东西，尽管这需要一个渐进的过程。当然，从另外一个角度来看，自我管理虽然有实现的根基和必要，但更多昭示管理发展的趋势，属于带有预测性的未来展望，又不能简单地、完全地与现实画等号。对于现实的人来说，自我管理反映人之超越性，更是一种基于个人理想性的诉求。所以，自我管理只有在社会成员自愿的基础上才能够激发积极性和主动性，因为任何一种违背社会成员个人意志的归类或编排，都无法对社会成员发挥因势利导的自我管理作用。

（四）强烈的时代性特征

伴随着时代的发展，人的自我管理将更加直接地反映社会发展的方向、要求和时代的精神风貌。21 世纪将是知识经济全面振兴的世纪，在这样的时代，有效的自我管理充满了蓬勃的生机和旺盛的活力，将被人们置于更加突出和重要的位置上，并将有更加丰富、更加深刻的内容和更加多姿多彩的方式。面对世界多极化、经济全球化、政治民主化、文化多元化、社会信息化的世界潮流，知识经济时代、民主自由时代和文化多元时代等时代类型都成为自我管理时代条件和凸显特征。从经验管理到科学管理，从制度化到人本化，管理权威日益扁平化呈现，传统型、继承性的管理权威逐步让位于经验权威和技术权威，让位于深刻理念权威、人文洞察权威，发声体由单一向多元转变，最终到每个个体都成为信息传播者，自我管理能力与时代的代入感强烈融合，道德与生活的自我管理逐渐被价值追求、发展管理所替代。自我管理不再局限于某一域内，而是广泛地辐射和渗透到人类社会的各个领域，在经济、政治、文化、社会等方面予以全面实践和体现。

（五）刚柔兼具的气质特征

关于自我管理的气质问题，郭海龙在《现代化与自我管理问题研究》文中进行了系统阐述。在他看来："在现代社会长期居于主导地位的管理理念和模式是刚性管理。刚性管理的世界观包括三方面的内容：第一，由二元思维方式划定两类群体及其自身的属性特点（男人女人理智/情感）；第二，具有某种属性特征的群体道德上比缺乏这种属性特征的群体优越（男性优于女性、理智优于情感）；第三，在道德上优越的群体统治另一类群体具有合理性。基于上述管理观男性主导的世界是一个不断向外追逐和扩张的世界，迎合这种理性和抽象的功利及符号需要，大多数人为了他们的活动角色而牺牲掉自己的个性，沦落为无名的角色扮演者。……"通过性别审视，我们会发现，传统的管理理念和模式带有强烈的威权性，刚性有余，柔性不足。而要改变这种状况，重塑人感性而丰富的生活，破除概念和符号对人的压制，实现"诗意的栖居"的美好愿望，很大程度上需要发扬女性所具有的母性价值和非概念化的灵性气质。[①]"管理工作的阴柔气质一面为所有文化中的女性管理者提供了机会，因为女性管理者和阴柔特征。……女性的主流观点是也许比男性更能融合管理的阳刚特征和阴柔特征，把工作导向和人员导向视为相辅相成的，而对男性来说这两者是相互对立的。"[②]

自我管理在管理风格上是体现关爱和仁慈的人性管理，它由侧重征

① 郭海龙：《现代化与自我管理问题研究》，中国社会科学出版社 2007 年版，第 52—56 页。

② ［荷］古尔特·霍夫斯泰德、格特、扬·霍夫斯泰德：《文化与组织：心理软件的力量》，李原等译，中国人民大学出版社 2010 年版，第 149 页。

服和控制的刚性管理转向追求管理者与员工和谐以及员工自主的柔性管理。随着现代人个性彰显和对自身确立目标与价值追求的差异化，传统的刚性管理将很难适应个体需要，从生活、学习、工作等方方面面，个性的管理工作方案将是最有益于提升个体发展的管理模式，集体目标如何聚集员工的意识和意志，这一点十分重要。在管理和开发人才方面，更是如此。如何给予人才适中弹性安排和自我控制，如何适应环境偏好和心理需要，都是在人才管理中需要考虑的问题。对此，更好的处理方式便是在引导员工特别是人才的自我管理方面，形成系统的机制，构建起个人与组织融为一体的和谐组织文化和心理契约，通过“不管”实现“管”的目标。正因为如此，自我管理弥补了传统管理刚性有余而柔性不足的缺陷，将管理带入刚柔兼具的新阶段，也契合了人的现代化发展的历史新阶段、新要求。

二 自我管理的原则

根据现代管理科学的理论，结合时代的特点并汲取众多成功人士的“修身”“律己”经验，自我管理一般应遵守以下基本原则。

（一）自知原则

自我认知是指对自我的认识和评价。自我管理的基础和依据就是自知。纵观历史，无数成功者之所以能在事业上作出成就，都是他们发挥自己特长和优势的结果，同时也与他们能够克制自己的短处与缺陷和能够克服自己的弱点与缺点息息相关。而能做到这一切的前提条件是能够客观地、全面地认识自己。所谓客观就是按照本来面目从正反两方面认识自己，做到有自知之明，清楚自己的长处和优势、短处和劣势；所谓全面就是从生理状况、心理特征（如兴趣爱好、性格、气质、能力）以及德、识、才、学、体等方面认识评价自己，既不妄自尊大，也不妄自菲薄。经验告诉我们，自知的原则是一个清醒的自我管理者必须首先遵守的准则。孔子说：“不患人之不己知，患不知人也。”这是孔子就人与人之间的关系说的，关于自己，孔子说“吾十有五而有志于学，三十而立，四十而不惑，五十而知天命，六十而耳顺，七十而从心所欲，不逾矩”，其实孔子是很“知己”的，而且孔子在被匡人围困的时候说："文王既没，文不在兹乎？天之将丧斯文也，后死者不得与于斯文也；天之未丧斯文也，匡人其如予何！"孔子的这种自信，是建立在"知己"基础上的。

（二）动力原则

自我管理必须有动力，没有一定的动力，自我管理就不可能持久而有效地实施。一个人追求的目标越高，进取心越强、追求目标越明确，他的才能就发展得越快，对社会就越有益。实践证明，古今中外凡是为社会以至为人类作出贡献的人，都是那些进取心强的人；至于那些不思进取、无所用心的人，只是虚度年华、浪费生命而已。

进取原则集中体现在成才进取方面。一个人强烈的成才进取心，既是社会历史发展的客观需要，也是自我管理的内在动力。成才的进取心来源于理想、志向和抱负，成才进取心可贵的素质在于持久性。人之成才犹如登山，没有平坦的捷径可走，只有在崎岖小路上攀登并不畏劳苦的人，才有希望到达光辉的顶点。成才进取的另一重要素质是坚韧性。马克思在阐述事物发展的辩证逻辑时就明确指出，任何事物的发展，都不是直线前进的，而是充满了曲折与坎坷，是螺旋上升的过程。人的成长和进步更是如此。挫折和失败、不幸和逆境，对进取意志薄弱者来说，意味着灾难和毁灭；但对进取意志坚韧的人来说却是熔炉，能磨砺其意志，激发其潜力，催促其奋进，从而有所作为并创造出奇迹。

（三）权变原则

权变原则是自我管理的重要内在要素。在自我管理过程中，为保证管理的高效率，当管理目标、管理要素、管理对象和环境条件出现差异时，其管理手段和方式也应发生变化，这就是权变。两害相权取其轻，两利相权取其重即是这个道理。权变原则要求先有"权"，即权衡、比较，"有比较才有鉴别"，管理主体应将不同的管理目标、管理要素、管理对象和不同的环境条件进行比较；"权"之后要"变"，即当意识到原有的管理方式与手段已不适应新的环境条件和管理目标、要素及对象时，就应毅然地作出改变。

权变原则要求根据权变的目的，在权衡利弊得失之后作出的改变，并不是要求凡遇到差别就要改变；根据权变原则所作出的管理方式和手段上的变化，其目标是让管理更富有成效，更加和谐，更有利于达成目标。

（四）系统思考原则

系统思考要遵守三个原则：一是要动态思考，防止静止思考。世界上的一切事物包括人的自我管理，都是发展变化着的，运动和变化是永恒的、绝对的，而“静止”则是相对的。二是要本质思考，防止表面思考。本质存在于现象之中，这就要求管理主体善于透过现象抓住自我管理的实质，这才是科学的分析方法。三是要整体思考，防止片面思考。这与辩证唯物论所提倡的要全面地看问题，切忌片面、孤立地看问题是一致的。在现实生活中有许多人的思维方式与盲人摸象的故事中的盲人有许多雷同之处，这样在自我管理的过程中就很难了解各类问题的整体与全貌，因而也难以把握其本质。

坚持系统思考原则，有助于人们从惯于看局部到善于看整体，从被动反应转为主动预测以至创造未来。在自我管理这一复杂的系统中，往往“因”与“果”在时间与空间上并不是紧密相连的，“果”是显露出来的表象，“因”则是与现象相关的系统互动，与人们头脑中所想象的情景往往有很大的差距，缩短这个差距的有效途径就是善于进行系统思考。

第三节　情商与自我管理

一　情商

情商，即情感智商，也叫情绪商数，包含了自制、热忱、坚持，以及自我驱动、自我鞭策的能力。人的情商高低直接决定和影响人的发展和人才开发的过程及其结果。以往的实践表明，为了更好地发展，必须全面培养和提高个人情商，情商高低对于潜能开发及人的发展具有重要的影响。情商由自我认知、自我管理、自我激励、情绪控制、人际关系处理五大要素构成。现如今，人们面对高负荷的工作、快节奏的生活和复杂的人际关系，没有较高的情商是难以应对的。人才学研究专家薛永武在《人才开发新论》一书中对此做了详细论述，在他看来，情商对

人的发展，尤其是对人才开发有以下几个方面的影响：①

一是情商高低影响事业成败。一个人要想事业获得成功，首先对自我要有清醒的认识，自我认知能力越高，越有利于从个人的实际出发确定自己的专业学习、职业规划等，可以更好地扬长避短。一个人移情能力越高，就越有利于善解人意，理解他人的情绪，人际交往能力就越高，越有利于构建和谐人际关系，形成人才开发的合力。因此，情商能够直接影响甚至决定事业的成败。

二是情商高低直接影响潜能的开发。情商越高，越有利于潜能开发；情商越低，越阻碍潜能开发。高情商者具有驾驭一生的统摄力，能够坚持不懈地追求人生理想：低情商者遇到问题难以自控，难以驾驭人生，容易被外物所异化。情商高的人能够透过纷繁复杂的社会和人的关系，抓住问题的实质及其发展趋势，从而坚定信念，实现稳定而长期的价值目标追寻。而情商低的人则容易被纷纷扰扰的表面现象所迷惑，抓不住问题的要害，从而使得工具理性取代个人的价值理性，最终影响到个人价值目标的实现。

三是情商高低直接影响思维能力。从心理学和思维科学的角度来看，人的情绪与思维相互影响，相互制约，又相互促进，情商越高，越能促进逻辑思维能力；情商越低，越阻碍逻辑思维能力，而逻辑思维能力的强弱与人们对事物发展变化的趋势或规律的把握能力息息相关。同时，人的思维受情绪影响比较大，一般人很难在情绪不稳定的情况下作出恰如其分的判断，当一个人面对悲欢离合，不能很好控制或宣泄个人喜怒哀乐之情绪，就容易干扰正常的思维，导致思维混乱，甚至错误。面对这些情绪的把控能力如何，其关键还在于个人的情商高低。

四是情商高低直接影响身心健康。前面我们讲到，身心和行为的控制是自我管理的重要内容，而这些又与情商密切相关。情商与身心健康具有直接的关系：情绪失控会导致激素分泌的变化，从而影响免疫系统的正常功能。长期处于忧虑、烦恼、痛苦、紧张、愤世嫉俗者，更容易产生疾病。针对上述情况，我们都需要加强情商的培育，不断增强每个

---

① 薛永武：《人才开发新论》，中国书籍出版社2019年版，第135—137页。

人自我认知能力、自我调控能力、自我激励能力、移情能力和人际交往能力，让高情商为人的发展、人才的发展保驾护航。

二　情商影响自我管理的要素

情商主要包括自我认知能力、自我调控能力、自我激励能力、移情能力和人际交往能力等，这些要素构成了人的自我管理的基本要素。

（一）自我认知与自我管理

自我认知是主体基于客体的一个包含众多内容的、综合的、动态的存在判断。自我认知建立在自我意识基础之上，判断自我认知的维度包括评价性维度、情景性维度、时间性维度等。自我意识乃是对自己存在的觉察，是自己对于所有属于自己身心状况的认识；其发生与发展过程，是个性社会化的过程。由于主体能洞悉自己的身心活动，因而能对自己的行为加以控制与调节，而且逐渐地形成了对自己相对固有的态度，随着年龄的增长和时间的推移，人的自我意识中自律的东西开始发挥作用。所以说，自我意识到了自律阶段，就日益发挥主动性和独立性，正如孔子所说的“从心所欲，不逾矩”。每个人实际上无时不在以自我意识管理着自己，只不过是自觉程度和科学程度不同而已，所以管理的效能大相径庭，人生的成功或失败都与此有关。

自我认知的评价性维度指“我是怎样的”。在这个维度上，自我评价是积极的还是消极的，对一个人的人生态度有直接影响。不可否认的是，也有一部分人对自己的评价是消极的，自我评价消极往往会带来自卑和不自信。情景性维度下的自我也叫情景性自我，这是由于人在不同社会角色间不断转换造成的，如工作自我、家庭自我、上司自我、下属自我等。通常情况下，这些情景性自我可以彼此独立，互不干扰，但有时这些存在与一个人身上的不同类型的自我相冲突。在面对潜在的角色识别冲突时，识别情景性自我的复杂性，协调好各种自我之间的关系，这本身既对人的自我管理有着重要影响，也是自我管理的重要内容。时间性自我指“过去自我”“当下自我”和“未来可能的自我”，这三个自我是前后连续、无法割断的有机链条，对过去自我的评价影响着对当下自我的评价和对将来自我的期许，对过去自我、当下自我的评价影响甚至决定着对未来自我的期许、设想和规划，而对过去自我的自我评价和对将来自我的期许，影响着当下自我的态度。

自我认知对于人的自我管理具有关键性作用，心理学研究表明，人对自身行为的约束与控制依赖于自我意识，适度的自我意识是自我调控的关键。如果自我意识过度，会引起过度焦虑和紧张，从而在某种程度上导致行为失控。如果自我意识被削弱，也会导致自我调控失败，如处于群体中的个体，会因群体情绪渲染而失去理智；再如网络虚拟世界里，人们往往因为匿名而大大削弱自我意识，从而产生不道德、不负责任的言行。关于意识对人的自我管理的作用，美国心理学家罗洛·梅在《人的自我寻求》一书中这样写道："如果我们不能够意识到自我，那我们将像蜜蜂或像蛀牙一样，被本能或历史的自动进程推动着前进。但是通过我们可以意识到自我的力量，我们能够回想起昨天或者上个月做了什么，而且通过对这些行动的学习，我们能够影响（即使这种影响非常小）今天的行为方式。而且我们能够在想象中描画明天的某种情境——例如一次晚餐约会、一次求职会面或者一次董事会的会议——而且通过在想象中反复考虑不同的行动选择，我们能够挑选出将对自己有利的那一个。"①

自我意识对个人的生活、工作与学习具有重要的推动作用，这主要缘于自我意识中两个主要的积极成分——自尊心与自信心对个人行为发生的重大影响。有自尊心和自信心的人，总是锐意进取，追求一种健康的、积极向上的思维方式、生活方式、工作方式和学习方式，不断提高自身素质和生活质量，最大限度地实现人生价值，达到自我实现的人生境界。而这是现代人自我管理的重要内容和所要达到的主要目的。

（二）自我激励与自我管理

自我激励是实现自我管理的重要因素，这当中又以理想信念最为持久有力。自我激励能力，是指个人的发展的动力来自个人生命内部，自我加压，自我蜕变，自我成长，而不是依赖于外在因素。自我激励能力

---

① ［美］罗洛·梅：《人的自我寻求》，郭本禹、方红译，中国人民大学出版社 2011 年版。

是个人生命蜕变的内在动力，也是个人生命进展的源泉。从人才学上来看，大凡自我激励能力高的人，一般都能积极进取，不畏艰难险阻，顺境时不沉溺于安逸，逆境时敢于百折不挠，终于走向成功。理想信念属于一个人的潜意识，它时刻都在通过高级神经的传导，去支配人的思想和行为，而且人的头脑思维总是将各自的人生原则、生活态度和自身行为紧密地联系在一起。实际上，各项行动指令均发自我们的头脑，不论是我们已经意识到的，还是潜意识里的，我们的思维无时不在影响着自己的行为。能清楚地认识到自己行为的结果和行动的目的，对于我们实现自己的理想是很有帮助的。然而，要使理想成为现实，绝不是简单的意识问题，关键是采用怎样的生活态度使价值取向和人生原则真正融入自己的行为。人的一生中面临的最大挑战其实就是如何掌握自己的命运，成为自己生活的主宰。要做到这一点，就需要有一个清楚的价值取向和人生原则，这就是我们的信念，它使人们的精神追求、生活态度、自身行为和实现自己理想的过程有机地结合到了一起。

信念是人对于某些观念或价值选择抱有坚定的确信感和深刻的信任感的意识倾向。信念不仅是一种认识活动，而且与人的经验以及在此经验基础上对未来的推断有密切关系。《论语·子罕第九》："子畏于匡，曰：'文王既没，文不在兹乎！'天之将丧斯文也，后死者不得与于斯文也；天之未丧斯文也，匡人其如予何？"[①]在这里，"天之未丧斯文"就是孔子抱定的坚定信念。信念是价值观的核心层次，稳定性强，指引着人的思想和行为。就人的自我管理而言，信念贯穿于自我管理的全过程，信念是否正确，决定着思想和行为是否正确。

理想，是符合客观规律并同奋斗目标相联系的想象，是一个人对未来的希望和向往，也是人的精神支柱和行为的动力源泉。一个人如果没有理想，就没有生活的信心，也不会有积极进取的力量。理想，包括社会理想、事业理想、职业理想和生活理想，是自我实现的核心，一个没有理想的人，是无法达到自我实现这个最高层次和人生最高境界的。爱因斯坦曾经这样阐述自己的人生理想：每个人都有一定的理想，这种理

① 《论语·子罕第九》。

想决定着他的努力和判断的方向。就在这个意义上，我从来不把安逸和享乐看作生活目的本身——这种伦理基础，我叫它猪栏的理想。照亮我的道路，并且不断地给我新的勇气去愉快地正视生活的理想，是善、美和真。要是没有志同道合者之间的亲切感情，要不是全神贯注于客观世界——那个在艺术和科学工作领域里永远达不到的对象，那么在我看来，生活就会是空虚的。人们所努力追求的庸俗的目标——财产、虚荣、奢侈的生活——我总觉得都是可鄙的。在爱因斯坦创造力最丰富的青年时代，他的生活非常艰苦，经历过歧视和失业，但他从不屈服去追求庸俗的目标，而是全神贯注于科学研究。虽然经历了许多坎坷与磨难，爱因斯坦却仍然充满乐观、自信，坚持自己的理想和人生追求，始终不懈地奋斗，终于取得了成功并创造了辉煌。

如果说崇高的理想是自己的人生彼岸，那么信念就是达到彼岸的动力。信念是自我管理的发动机，坚定的信念产生强大的动力，没有信念就不能到达成功的彼岸。有位哲人说过："不相信冬天过去还有春天，寒号鸟因此成了冬天的陪葬；不相信风暴过去还有日出，萋萋花草一夜之间便化作伤感的落英；不相信荆棘过后还有坦途，人生便会黯淡一份跋涉的激情。"在日常生活中，信念起着十分重要的作用。老百姓的日子虽然平淡，却也不能没有盼头儿。孩子或许是一个母亲支撑下去的信念，妻儿幸福也可能成为丈夫的生活信念。人才的工作、生活离不开竞争，而且竞争日趋激烈，优胜劣汰的规律谁也难以违背；在此环境下，总是信念让每个人在竞争中充满斗志，赢得胜利。有了坚定的信念，人的行为方式和生活方式才会向着自己所希望的方向发生转变。心理学将这种转变称为自省。信念其实是一种相信自己能将理想变为现实的动力，它使人们的思想与行动与实现理想的过程紧密结合。信念还是一种精神源动力，它能推动人们向着自己所确定的方向努力行进。例如，有终身学习信念的人，坚信大千世界和人的一生丰富多彩，会有很多值得品味、欣赏、体验和运用的东西，所以应当活到老、学到老，而且身体力行，孜孜以求，其乐无穷，终身受益。

从人才发展的角度来看，崇高理想通过为人生引路导航，升华主体情感，开阔人生境界，优化思维方式，最终在很大程度上开发了人们的潜能。从逻辑的观点来看，人们之所以能够树立崇高理想，是来自对伟大神圣事物的热爱。在朗吉弩斯看来，崇高就是伟大心灵的回声，一个人只有具备伟大、高尚的心灵，才会有庄严伟大的思想。实际上，崇高理想之所以能开发人的潜能，就在于崇高理想产生于人们对伟大神圣事物的热爱，因为伟大神圣的事物具有强大的能量，给人们以强大的感染力。朗吉弩斯在《论崇高》中认为，崇高事物“使人惊心动魄”，“具有闪电般的光彩”。从价值论的角度来看，《论崇高》之所以被后世誉为“像黄金一样宝贵”，就在于社会的发展需要崇高理想的支撑，人生之路需要崇高理想的照耀和导航。康德在《判断力批判》的“崇高的分析”中，曾经用“生命力”“想象力”“超感性能力”“超感性的使命”“抵抗力”“唤起我们的力量”等，表示崇高对主体的开发作用。他认为崇高能使主体的生命力更加强烈地喷射，能扩大和提升主体的想象力，“让我们在内心里发现另一种类的抵抗的能力”，“提高了我们的精神力量，它在我们内心里唤起我们的力量，就连主体的心情在产生崇高感的过程中也被提高了”。从朗吉弩斯和康德的崇高理论中，可以看到崇高事物能够对人们产生巨大影响，崇高理想是一个人对崇高事物进行审美观照以后所形成的庄严、神圣和美好的人生理想，人们对崇高事物的热爱所产生的崇高感，蕴含着特有的主体感、自由感和尊严感，能够在很大程度上激发人们的主体能量。因此，一个人平时如果没有对崇高事物的热爱，也就不可能产生崇高理想：而一旦产生了崇高理想以后，崇高理想既可以转化为人们大脑中带有意志和理想特征的意念，又可以生成蕴含美好未来追求的愿景，即审美意象或者审美观念。因此，崇高理想本身就具有了强大的能量，能够以非常积极的态势影响主体的思想和行为。

崇高理想是人生非常重要的价值观念，也是最高层次的观念，体现了世界观、人生观和价值观的统一，因而，它对于人的思想意识具有宏观的和根本的统摄作用。当然，由于受历史条件和主客观诸多要素的影响，追求崇高理想的过程也许会非常遥远，甚至会不可避免地遇到各种挫折，但我们不能因为怕挫折就不去追求，因为我们在追求崇高理想的过程中，一方面各种潜能已经得到了潜移默化的开发；另一方面我们在人才发展过程中会进一步巩固心灵深处的崇高理想。这样，崇高的理想与人才开发二者互相促进，积极互动，共生共荣，能够产生积极的共生效果。

如上所述，我们不难发现，在理想信念的支撑下，是价值取向和人生原则在影响着人的工作方式、学习方式和生活方式，从而使人们尝试着去体验不一样的人生经历；同时，它也能产生一种无形的动力鼓励并推动人们向着自己所期望的方向迈进，从而实现自我发展。

（三）自我调控与自我管理

自我调控能力，是控制个人情绪的能力。一个人如果把喜怒哀乐等情绪控制在适度的范围内，这不仅有利于身心健康，而且也能促进个人事业的成功。实现理想，不仅需要坚定的信念，还需要用钢铁般的意志去支配自己的行为，养成良好的习惯，控制自己的情绪与冲动，不断地战胜自己，超越自己。意志就是实现理想的自觉性、自制性和顽强性，是个人在实现自我管理过程中最为重要的调控因素，是一个人决定达到某种目的而产生的心理状态，往往由自己的言行表现出来；同时也指一个人根据自己确定的目标来控制、支配、调节自己的思想、情绪和言行的主观能动过程。苏联教育家马卡连柯说过：坚强的意志意味着不仅善于期待并获取某种东西，而且也善于迫使自己在必要时拒绝某种东西……莎士比亚也曾讲过一段至理名言，他说：如果在我们的生命中没有一种意志的分量来平衡另一端的欲望的分量，那么我们天性中的冲动和下贱的念头就会引导我们得到最荒唐的结局。从某种意义上说，人最大的敌人就是自己，最终的对手也是自己；人最难征服的，不是别的什么而是自己——只有首先战胜自己，才能战胜其他对手和一切困难。人们生活在这个五颜六色的大千世界里，各种正当的和不正当的东西都在时时诱惑着自己，而且还有人性本身种种缺陷在掣肘着自己；如果克制不住自己不正当的或次要的欲望，克服不了自身的障碍，就难以达到自我实现的人生境界。

人非圣贤，都会有共同的人性弱点：怯懦、嫉妒、懒惰、懈怠、贪婪、浮躁、冲动、猜疑……面对复杂的内心世界，往往难以把握自己。现实生活中，我们常常看到有的人想完成学习与写作计划，却战胜不了自己的懈怠与拖延；想同别人和谐共事，却战胜不了自己的任性与偏见；想谦虚待人，却战胜不了自己的傲慢与自负；想减少应酬与“酒场”，却战胜不了自己的“耳根软”和“酒瘾”……关键要使自己懂得，战胜了懒惰，才会有勤奋；战胜了骄傲，才会有谦逊；战胜了浮躁，才会有踏实；战胜了狭隘，才会有大度。

对于生活在当今时代的人来说，要想使自己摆脱低级趣味，远离庸俗、浮躁、嫉妒及种种恶习和不良习惯，就必须不断战胜自己人性恶的一面，而这并不是轻而易举的事情。人性的缺陷很多，顽固性也很强，就像一张张丝网束缚着人们走向成功，使人不知不觉陷入败局。人与人之间，强者与弱者之间，成功者与失败者之间的显著差异之一就在于意志的差异。人们不必再怨天尤人，不应再把自己的失败归于环境、归于他人、归于家庭，而要振作起来，从现在起实施并强化有效的自我管理。脆弱的性格要锻炼成为坚强的品质，急躁的脾气要培养成为稳重的举止，办事拖延的毛病要改造成为雷厉风行的作风，狭隘的心胸要开拓成为宽广的襟怀，诸如此类的转变和飞跃，要经历多少次顽强的搏斗，要伴随着多少战胜自身惰性的日日夜夜。古人说：“人皆可以为尧舜”，但实际上人并不是都能成为尧舜，关键就在于意志的强弱。即使从人的身心健康来看，每个人也都要学会管住自己的思维、情绪、语言和嘴巴，也要迈开自己的腿。人生在世，只有具有较高的情商，学会自我管理和自我调控，才能真正拥有人的主体性，才能获得真正的幸福。

（四）情绪管理与自我管理

“人非草木，孰能无情”，情绪是始终伴随人的生命活动的一种心理体验。蔡晓义等认为，情绪与需要密切相关，凡是能满足、已激起的需要或者能促进这种需要得到满足的事物，便能引起肯定的情绪，如满意、愉快、喜爱、赞叹等；相反，凡是不能满足这种需要或者可能妨碍这种需要得到满足的事物，便引起否定的情绪，如不满意、郁闷、哀伤、憎恨等。情绪是一种随时都可能出现的心理体验，是一种感性的东西，看起来与具有更多理性特质的自我管理似乎没有直接关系。但是，情绪既是一种心理体验，也是一种身心状态，是人自我管理的基本内在环境，对人的分析力、判断力、自制力、应变力以及思维方式、行为方式都有或多或少的影响，直接或间接地影响到自我管理中的定向职能、计划职能、组织职能、控制职能作用的发挥。尤其是一些激情情绪、应激情绪以及一些长期存在的不良情绪，会极大影响人自我管理的效能。

情绪管理是人的自我管理的重要内容。人普遍存在的情绪—焦虑情绪是由紧张、焦急、忧虑、担心和恐惧等感受交织而成的一种复杂的情绪反应。在当今社会，一方面人与人之间、企业与企业之间直至国家与国家之间竞争日趋激烈；另一方面社会信息量激增，知识更新速度加快，技术日新月异，所有这些导致经济社会发展变数加大，个人生存处境、发展环境越来越难以预测和掌控，造成大多数人处于焦虑状态。按照卡伦·霍尼的研究，人们往往通过对爱的追求和对权力、声望、财富的追求来抗拒焦虑，获取关爱意味着要经由与别人的热烈接触，来获得安全感，而追求权力、声望及财富，则意味着疏离与别人的接触，通过强调和坚守自己的立场来获得安全感。在焦虑状态下的这种对关爱的追求，对权力、声望、财富的追求，从某种意义上说已经超出人的正常需要，属于一种病态需要，而这往往导致贪欲。人生实践证明，面对现代社会变幻不定的生存发展环境，一味逃避的态度是不可取的。避免焦虑的根本途径在于提高学识、坚定信念、锤炼意志，说到底，要靠强大的心智来对抗焦虑。

（五）移情能力与自我管理

移情的能力是指个人能客观的感受、理解和分析他人情感的能力，也翻译为共情能力。一个人如果善于换位思考，就能够感受、理解和分析他人的情感，容易与人相处，顺畅协调职场关系，为自我构筑良好的外部人际环境，从而促进事业的成功。在这方面，孔子最典型的表述就是“己所不欲，勿施于人”。人的本质在其现实性上是一切社会关系的总和。一方面，一个人移情能力的强弱，将会直接影响其社交范围的大小，影响人际关系的和谐，因而也必然影响一个人事业的发展。另一方面，在诸多社会关系中，最基本、最主要的是人际关系，因为其他一切社会关系都只有通过人际关系才能发挥作用，所以，人们彼此交往过程中，都应该学会人际沟通，善解人意，在相互理解、相互尊重中建构优良的人际关系。良好的人际沟通是合作的前提。只有学会与他人合作，善于与他人合作，优化与他人的合作，才能在与他人的合作中，相互促进，相互补充，共同发展，才能最大限度地调动资源，实现积极的共生效应。相反，一个人如果唯我独尊，目中无人或心胸狭窄，就难与他人沟通和合作。

综上可见，为了促进人的发展和人才的发展，我们必须加大力度全方位培养自己的情商，全面提高自我认知能力、自我调控能力、自我激励能力、情绪管理能力、移情能力和人际交往能力，让自己的情商在学习、生活和工作中得到全面的磨炼和提升。

第四节 国内外关于自我管理研究理论概述

一 国内学者关于自我管理研究的主要观点

关于人的自我管理，许多中外学者、作家都曾作过精辟的阐述，为本书研究提供了前提和参考资料。

中国学者方卫渤和肖培的观点是：自我管理是指处在一定社会关系中的人，为实现个人目标而有效地调动自身主观能动性，调节自己的心理，训练自己的思维，控制自己的行为的完整过程。在这种循环往复的过程中，人的自我认识、自我评价、自我开发、自我教育和自我控制伴随始终。马金海、谈焕兴等人认为：自我管理就是个体能动地对自己进行管理，是在建立起清晰的管理目标的前提下，通过不断的自我认识、自我激励、自我教育、自我控制的动态过程，是对自己人生的一种自我调节，是对思维运动和行为过程的一种自我控制。裴雪等学者在人性假设管理理论的研究综述基础上进行分析和思考，提出了应用人性假设理论需要考虑的相关因素，包括经济、文化和组织自身等因素。胡穗、康铁庚等学者则是对各种西方人性假设理论的适用性和局限性等进行了评判。裴广一等学者则从哲学角度梳理了中西方人性假设的研究历程，并且指出利己主义在市场进程中具有合理的地位，同时也指出：人本管理思想才是现代管理实践的发展趋势。

赵本全认为，高效管理应该以社会人、自我实现的人以及决策人作为人性假设的基础，具体到高校管理赵本全认为应该以教师权利为主、行政权利为辅，并且提出科学化和民主化的观点。李朝晖、陈芳等学者以经济人、社会人、复杂人、文化人等理论假设为基础，以高等教育为例，分析了这些理论假设在高等教育管理中的应用，提出了一些新的人性假设观点，如“理性生态人”等。张军等人则提出了“知识人”假设，认为随着科技的发展，未来科技对人力资本的创新技能会更加看重，组织应该提高员工的学习和创新能力，“知识人”假设在一定程度上体现了人们对于人才是最宝贵资源的共识。郭海龙认为：“从管理哲学意义上讲，自我管理是指在开放包容、尊重人权等现代社会氛围和崇尚民主科学的组织文化境遇下，具有自我意识、自主意识和自由能力的员工，在正确认识自己和准确评估组织内外环境等情况的基础上，在组织帮扶和其他员工的通力协作下，通过合理的自我设计、自我学习、自我协调和自我控制等环节，在任务完成、时间安排、身心健康等方面进行自主调适和管理，以获得个人自我实现和全面发展并能推动组织进步和社会发展为最高目标的能动活动。”①

金瑜在总结 20 世纪国外心理学领域的自我管理及心理品质研究的基础上提出：自我管理是个人能动地调整自己的心理活动和行为，控制不当冲动，克服不利情境，积极寻求发展，取得良好适应的心理品质，对自己进行的管理。这种心理品质的好坏是影响个体社会适应效果和活动绩效以及心理健康状况的重要因素。该定义涵盖了心理学和行为学的范畴，指出了自我管理是人的心理品质，强调了自我管理的品质效用，即个体调控自己的心理与行为而取得良好的适应。孔祥勇认为，自我管理的内涵是自己管理自己，是一种自我调控、自我约束的行为。具体地说，自我管理是指个体自觉地对自己的思想、心理和行为进行调节、控制或约束。这个定义从心理学的角度表述了自我管理的主体心理行为特征。胡国平和李平认为，自我管理就是个人能动地对自己进行管理，具体而言，是指在适应所处的管理环境，建立清晰的管理目标的前提下，通过不断地自我认识、自我教育、自我激励、自我调控的动态过程，逐步趋向自我完善，从而在管理系统中发挥尽可能大的作用，以便使整个

① 郭海龙：《自我管理理论之道与实践之用》，北京大学出版社 2015 年版，第 1 页。

管理系统取得最佳的管理效益。这是对自己生命运动的一种调节，是对思维运动和行为过程的一种自我控制。还有一种观点认为，自我管理，即管理自己，是个人能动地对自己的言行进行全面的管理，自我管理实质上是研究主体对自身的管理，自己既是管理者，又是管理对象。阳国亮认为，所谓自我管理，是指一定的个人按照自身的特点，设计成才的目标，严格付诸实施，检验行动状况，控制日常行为，实现预期结果的活动过程。王凤兰认为，自我管理是人类行为活动中一种较高级的管理方式，它包含两方面的内容，一方面自我管理是集体管理活动的有机组成部分，个体是集体管理的主要参与者，个体的自我管理水平如何决定着集体管理的效率如何；另一方面自我管理是个体自我完善的重要途径，是个人对外界成文或不成文的规范及要求的适应程度。在企业组织中，自我管理的含义还包括员工的自我激励，对自身美德的赞赏和肯定，对如何进步以及如何更好地帮助他人的自我鞭策。这两个定义在给出自我管理定义的同时，也从管理学的角度表述了组织管理与自我管理的关系。

二 国外关于自我管理理论研究主要观点

美国马茨学院的爱德华兹·吉·奥基夫教授认为，自我管理不是我们创造出的使我们自己适合进入的一个模子，它是我们创造出来的一个选择，是我们创造出来的关于我们将如何管理我们的动机、我们的时间、我们的学习习惯、我们的人际关系以及任何我们生活的其他方面的一种选择……作为它的最基本的方面是关于我们将如何引导我们的情绪、行为和认知处于我们所希望状态的一种决策。美国畅销书《首先，打破一切常规》的作者马库斯·白金汉、柯特·科夫曼指出：每个人首先应该是管理自己的人，这种管理，包括你的思想、身体、财产、才能、工作、情感、欲望和构成你生活的各种成分。

美国作家麦瑞·弗格森说，谁也无法说明他人改变。我们每个人都守着一扇只能从内开启的改变之门，不论动之以情或晓之以理，我们都不能替别人开门。如果你不想改变，没有人能够改变你。如果你不想实施有效的自我管理，没有人能够管理得了你。彼得·德鲁克曾对人的自我管理这一话题有过十分精辟的阐述，对于渴望管理好自己人生、事业与提高生活质量的人们来说，杜拉克的阐述无愧是智者的箴言。他指出：有伟大成就的人，例如拿破仑、达·芬奇与莫扎特之辈，向来善于自我管理，也因此傲视群伦……知识社会，是一个崇尚成功的社会。但是，期待人人都成功只是幻想。对大多数人来说，能够避免失败，已属不易。事实上，自我管理要靠个人作出极大的努力；自我管理也需要我们在许多想法和观念上来个彻底的改变。

亚伯拉罕·马斯洛从人的需要角度提出他关于人的激励和管理问题。他认为，人的内在需要是驱使其所有行为的真正动力。需要层次学说把人的需求按照其重要性和发生的先后次序，分为五个层次：一是生理需要；二是安全需要；三是社交需要；四是尊重需要；五是自我实现需要。前两个层次的需要为基本需要，后三个层次的需要为高层次需要。这五个层次的顺序，对每个人都是相同的。虽然每个人都具有这五个方面的需要，但在某一时刻只有一种需要是引发动机和行为的主导需要。只有当较低层次的需要得到基本满足后，下一个较高层次的需要才能成为主导需要。当一个人到达了自我实现的最高层次时，对于行为就具有无限的激励。在马斯洛看来，任何人都不可能完全地自我实现。所以，寻求更高的发展就成了自我实现的途径和目的。

弗雷德里克·赫茨伯格在1959年提出了保健因素和激励因素（简称“双因素理论”）。他提出激发人的动机有两种因素：一种是保健因素，是指除工作本身之外的影响员工的因素，包括组织中的政策、管理、监督、与上下级和同事的关系、工作条件、薪酬、地位和安全保障等。这类因素与不满意联系，如果缺少了这些因素，员工就会感到不满。另一种是激励因素，是指工作本身的各个方面，包括成就、认可、工作的挑战性、责任、进步和成长等。这类因素的存在能够使员工感到满意，并能激励员工的行为。赫茨伯格认为，保健因素和激励因素都会影响人的行为动机，但其作用不同、效果也不同。如果保健因素处理不当，满足不了人们对这些因素的需要，就会严重挫伤人的积极性，使大家产生不满情绪甚至消极怠工。如果这类因素处理得当，使人们的需要得到满足，就能消除他们的不满，但不能使职工变得非常满意，仍不能调动人的积极性，这如同保健只能防病而不能治病一样。激励因素处理得当，才会使人产生满足感，有助于充分、有效、持久地调动人们的积极性，有很大的激励作用。

维克托·弗鲁姆1964年在《工作与激励》一书中提出了期望理论，他认为人们从事某项工作并达到组织目标，是因为他们相信组织和工作本身会帮助他们达到自己的目标，如加薪、晋升、奖励等。维克托·弗鲁姆提出激励力的概念并对其进行了界定，他认为激励力是指一个人受到激励的强度，激励力取决于期望值和效价的乘积，用公式表示为：激励力=效价×期望值。效价是指这个人对某种成果的程度；期望值则是指通过特定的活动导致成果的概率，也是个人的主观估计。当人们有需要又有达到目标的可能时其积极性才会高；作为激励的某种目标如果实现的可能性很大而实现后对本人的效价又很高，那么其激励力量就大，人的积极性就高。当个体对某一目标漠不关心时，激励力为零，而当他认为实现目标对自己不利时，激励力为负值。亚当斯认为激励中的一个重要因素是个人对报酬结构是否觉得公平，也就是个人主观地将自己努力、教育因素等与他人的投入相比来评价自己是否得到公平或公正的报酬。一个人的工作动机不仅受到自己的获得和付出的绝对额的影响，而且受与别人比较的相对报酬量影响。亚当斯的这一理论被称为公平理论，公平理论揭示了这样一个重要问题，即在现实生活中，人与人之间客观上存在相互间的社会比较和历史比较，由此，必然会在人们的心理上产生公平或者不公平的问题，这是不能否认的事实。若当事人认为自己的收入与付出的比率与他人相同，则感到公平；若当事人认为自己的收入与付出的比率高于他人则感到占了便宜；若当事人认为自己的收入与付出的比率低于他人，则会感到不公平。公平理论在前两种情况下的当事人一般会感到心安理得或产生内疚，从而保持现有的工作热情或更加努力工作；第三种情况下的当事人则会感到不公平，减少自己的投入，或消极怠工，另谋高就。

作为现当代最负盛名的管理学家，彼得·德鲁克基于个人长期的观察和企业调研实践，第一个提出“管理学”概念和目标管理的理论。德鲁克认为，目标管理的最大优点也许是它使一位经理人能控制自己的成就。在德鲁克看来：管理在不同的组织里会有一些差异。因为使命决定远景，远景决定结构。管理的差异主要是在应用上而不是在原则上。所有组织的管理者，都要面对决策，要做人事决策，而人的问题几乎是一样的。所有组织的管理者都要面对的沟通问题，管理者要花大量的时间与上司和下属进行沟通。在所有组织中，90%左右的问题是共同的，不同的只有10%。只有这10%需要适应这个组织特定的使命、特定的文化和特定语言。基于此，德鲁克认为：经理人是企业中最昂贵的资源，而且也是折旧最快、最需要经常补充的一种资源。企业的目标能否达到，取决于经理人管理得好坏，也取决于如何管理经理人。而且，企业对其员工的管理如何，对其工作的管理如何，主要也取决于经理人的管理及如何管理经理人。企业员工的态度，正是管理层的能力与结构的一面镜子。员工的工作是否有成效，在很大程度上取决于他被管理的方式。在此基础上，德鲁克进一步提出了一个优秀的管理者必须具备善于利用有限的时间、注重贡献和工作绩效，善于发挥人之所长，集中精力于少数主要领域，建立有效的工作秩序、有效的决策机制。

除上述相关研究理论外，还有哈罗德·孔茨、西里尔·奥唐奈、戴尔、赫伯特·西蒙等学者提出的管理理论，也为我们研究人的管理理论提供了借鉴和启示。

三　西方有关自我管理理论存在的不足

西方关于人的管理研究观点，应当说在相当长一段历史时期内，对于加强管理效能，提升管理水平起到了积极作用。从科学管理到人力资源管理、人力资本管理再到创新管理，每一次理论的飞跃都见证了时代的发展变化和人的发展进步。但从历史宏观角度来看，无论其理论如何阐释，却始终未能跳出“物的依赖关系”这一人类发展的第二阶段。因此，我们在看到进步同时，也要对西方关于管理和自我管理方面认识的不足加以明辨。

一是建立以工作为中心的管理方式，管理者关心的重点放在了组织目标的实现和工作生产效率的提高，没有真正把人置于管理的主体位置。在早起的管理理论中，把人当成了机器，认为人可以按照机器一样高效率地、重复地做单调乏味的动作，以此来提高工作效率。殊不知，分析不是人的特长，把人的复杂的动作分解为不可再分的简单动作并不是人的优势所在，在这方面人比不过机器。但与机器相比，整合、管理、创新才是人的特长。特别是进行创造性的发明，乃人之异于机器的最明显特性。但科学管理的局限性也预示着自我管理时代的到来，或者说科学管理的自我否定必然会走向员工的自我管理。

二是主要把人当作“被管理者”来看待，当作了客体而不是主体进行对待，以工具性掩盖了人的管理应有的人文性。客体和主体最大区别在于，作为客体的物和事不具有自我意识，它们只能是一种被动的客观存在；但人具有自我意识，是一种求主体性的存在物。但是在人力资源管理那里，人的主体性存在没有予以凸显，没有充分考虑被管理者的个性特点。作为被管理者的人，同管理者一样都是有血有肉、有思想、有需求、生活在一定社会关系之中的“同类”。这对于管理者来说，他所要管理的人并非都是与己毫无关系的。恰恰相反，很多人直接或间接地牵涉自己。这就对他采取公正、客观的管理造成了一定的困难。投鼠忌器、爱屋及乌、因人废言以及害怕引火烧身等，都是在管理中可能发生的事情。对于被管理者来说，他们并不单纯地对组织的目标感兴趣，他们同时也追求自己的个人目标。他们既可能自觉地把自己的目标同组织的目标统一起来，全力支持管理者的工作；也可能为了自己私利，对管理者投其所好、阿谀奉承，从而干扰管理工作的合理开展，导致管理失误。管理的工具性与人文性原本是不可分割的有机组成部分，如果没有正确的人文精神作引导，无论管理工具多么先进和管理制度多么完备，组织都难以避免因价值观偏差和社会责任缺失而走向覆灭的厄运。但在西方人力资源管理理论中，管理的工具性被过分强调放大，使管理实践中的工具理性主义盛行。当理性出现人文缺失时，必然导致管理思考与行为的偏差或偏执，管理的工具性延伸到现实中就是管理主体的被工具化，采用的管理模式就是以外部控制为主的强压式管理，这忽视了人的主体性，实质上将人物化了。结果，被管理者消极怠工或正面反抗，组织损失惨重。

三是西方关于人才管理的理论、自我管理的理论，其出发点在于服务大资本家的利益，其出发点即带有利益的选择导向，在管理理论的适用上，具有较大的局限性，有些并不适宜中国的国情和特点，不适合基于中华传统优秀文化的潜在基因与图谱，在自我管理的关键性因素分析与判定上，利己主义与集体主义的分歧，使西方自我管理理论在进入中国后，只能作为一种参考和借鉴。

第三章　自我管理与人的发展

每一个生活在所处时代中的人，为了在社会上生存并实现全面发展，逐步地确定清晰的人生目标，通过自我认识、自我分析、自我设计、自我审视、自我教育、自我激励、自我控制，最大限度地提高自己的综合素质、生活质量和人生价值，在实践过程中完成了自我管理的同时又实现了自我发展。自我管理是人对自己生命活动的一种积极筹划和主动调节，是对自身思维方式和行为过程的一种有效控制。现代人的自我管理作为一项实践活动，需要先进的、科学的理论作指导；它是一个动态的过程，有着丰富的内容，循环往复，不断达到新的境界；它还是一项技能，需要认真训练，反复实践。

第一节　自我管理与人的发展的关系

人的自我管理是伴随着人类的产生而产生的。人与动物的区别，主要体现在劳动、意识、语言、文化和社会性等方面。人的自我管理的基本前提条件是人把自己与自然和他人区分开来，通过意识向内观察，实现主体我与客体我的分离。人的自我管理是随人类对自身的认识发展而发展的。

一　自我管理的主体与客体

主体受制于客体，客体制约着主体的活动范围、方式、性质等，决定了主体的认识内容和范围；主体又能动地改造客体，使客体向主体转化，使之满足人们的目的和要求。这是主体与客体的一般辩证关系。在人的自我管理中，主体与客体首先符合这种辩证关系，但由于管理主体与管理客体的一体性，决定了自我管理主客体关系还有其特殊性。

（一）自我管理主体与客体的统一性

自我管理的主体是“我”，客体还是“我”。从管理主体看，自己就是自我认识的主体，是自己的管理者。从管理客体看，自我管理以自己为认识和管理的对象。心理学家马克提出独立于主体我与客体我的另一种成分——主动我（agency），指代自我的主观能动性，包括自我调控、自我决策、自我管理，它遵循现实原则以及目的性，监控与管理着自我的行为。这个主动我实际就是自我管理主体。不管是主体我、客体我还是主动我，只是我们人类对于“自我”所表现出来的不同心理过程的一种人为划分，分开看有不同的自我，综合起来看，“自我”是一个统一的“自我”。由于管理主体和客体同属于一个“自我”，就使两者之间以及自我管理过程中诸多要素相互间的作用呈现出双向性、多重性和独特现象，尤其是在划分管理要素的界限上，就不是绝对的、一成不变的，有时则是十分模糊的，而且这种模糊是必要的，因为它们之间互为依存、互相转化；所以不能简单地、机械地把某种要素界定为管理主体的或是管理客体的。例如，意志这个自我管理中的关键要素之一，它的锻炼要经历一个重复多次的长期过程，在锻炼意志的过程中，要不断受到其他管理要素的影响；一个人一旦具有了相对稳定的意志品质，它就会对诸多管理要素如行为、习惯产生影响与作用。再比如情绪，它是自我管理的客体，但首先是管理主体的一种存在状态，良好的情绪状态可以对自我管理起到正向作用，消极的情绪状态则往往对自我管理带来负面作用；激情情绪状态有时能迅速调动人体内部各种资源，提高自我管理效能，但大多数情况下有可能对人的自我管理带来破坏作用，甚至对身心健康造成不利影响。除此之外，还有信念、性格等诸多要素都是如此，始终处于互为依存、相互影响、互为因果、相辅相成的状态。

（二）自我管理主体的目的性与能动性

恩斯特·卡西尔在《人论》中引用歌德的名言来说明人的一种特性，“生活在理想的世界，也就是要把不可能的东西当作仿佛是可能的东西那样处理”。[1] 在卡西尔看来，人的生活世界之根本特征就在于，他总是生活在“理想”的世界，总是向着“可能性”行进，而不像动物那样被动地接受直接给予的“事实”，从而永远不能超越“现实性”的规定。卡西尔从“人是符号的动物”这一认识出发，从文化的角度考察了人如何运用符号构造“理想世界”，并付诸行动去实现这个“理想世界”，这里面包含了人的社会行为的目的性、计划性和能动性。

一是管理主体在自我管理活动中具有较强的目的性。管理主体根据管理对象的各种信息，形成管理动机进而产生实现管理目标的行为。如果没有管理目标或目标尚不清晰，那就没有管理行为的动因，也就不会有管理主体的行为过程。管理主体的目的性集中表现为个体行为的规定性和方向性。卡希尔说，“一个符号并不是作为物理世界一部分的那种现实存在，而是具有一个‘意义’”，而这种意义是人类的特性，对于个人生活来说，这种“意义”是必不可少的。

二是管理主体在自我管理活动中具有一定的计划性。为了实现管理目标，管理主体要对管理活动作出一定的计划和安排，使整个管理有计划、按步骤地展开。《礼记·中庸》：凡事预则立，不预则废。言前定则不跲，事前定则不困，行前定则不疚，道前定则不穷。没有周密的计划和安排，管理活动就不可能有序地进行。这段话不仅适用于一般管理，也适用于个人管理。

三是管理主体在自我管理活动中具有能动性，不是被动地反映管理对象，而是积极主动地寻求、接受、研究、处理各类相关信息，并作出相应的选择和努力；管理主体不是消极地等待各种既成事实和诸多现象的接踵而至，而是积极主动地计划、组织、配置、控制和调节所拥有的各类管理要素与资源，从而有效地实现管理目标。

二 自我管理的实践发展

人认识和了解自己是一个渐进的过程。当人在与自然相处中发现自己有别于动物时，便开始形成自我认识；当人在社会生活中发现自己与

① ［德］恩斯特·卡西尔：《人论》，西苑出版社 2003 年版，第 107 页。

他人不同以及存在各种相互关系时，人的自我意识又得到进一步升华，开始观察和思考“我”的问题。

恩格斯指出：“从最初的动物中，主要由于进一步的分化而发展出无数的纲、目、科、属、种的动物，最后发展出神经系统获得充分发展的那种形态，即脊椎动物的形态，而最后在脊椎动物中，又发展出这样一种脊椎动物，在它身上自然界达到了自我意识，这就是人。”[①]恩斯特·卡西尔在著作《人论》中说：“如果我们接受了这种生物学的观点（指亚里士多德在《形而上学》中提出的关于知觉、记忆、经验、想象和理性等心理活动也体现在动物以及有机生命的一切形式中的观点），人类知识的最初阶段一定是全部都只涉及外部世界的，因为就一切直接需求和实践利益而言，人都是依赖于他的自然环境的。人如果不能不断地使自己适应于周围世界的环境，人就不可能生存下去。在人的社会化过程中，从原始蒙昧走向理智和社交的那些最初步骤，无不包含着人对环境进行某种心理适应的行为。但在人的文化化方面，遇见了一个相反方向，从人类意识最初萌发之时起，一种对生活的内向观察伴随着并补充着那种向外的观察。人类的文化越往后发展，这种内向观察就变得越加显著和细致。人的好奇心慢慢地开始改变了它的方向。我们几乎可以在人的文化生活的一切形式中看到这个过程。”[②] 卡希尔这段话是就人类整体而言的。人类整体的一般行为是建立在人类个体基础上的，人类个体的“向内观察”也是随着人类心智的发展、文化的积累而不断向前发展的。这里需要特别指出的是，就人类个体而言，意识的作用不但包括对周边自然环境的观察，还包括对周边其他人的观察、对自己的观察，需要处理的关系不但包括人与自然环境的关系、个人与他人的关系，还包括自己与自己的关系。人类整体发展水平，是建立在个体一般发展水平之上的，可以这样说，人类个体对自身的认识是和人类认识自然、认识社会进程一致的，人类个体的自我管理水平，是与人类适应自然、利用自然、改造自然的水平，与人类组织社会、管理社会的水平相

① ［德］恩格斯：《自然辩证法》，人民出版社 1971 年版，第 18 页。

② ［德］恩斯特·卡西尔：《人论》，西苑出版社 2003 年版，第 45 页。

适应的。

语言是思维和意识的物质外壳，人类自我意识必然体现在语言文字上。古汉语表示“自我”的主要是“我”“吾”二字，“吾”字见于金文，“我”字见于金文和甲骨文。关于“吾”，《说文解字》曰：“吾，自称也，从口五声。”“吾”，只是自称而已，虽也反映了自我意识，但没有“我”字所表示的自我意识那样强烈。到了《庄子·齐物论》则把“吾”与“我”区别为“主观内在的我”和“客观外在的我”，人的自我意识已上升到主观我与客观我对立统一的高度。“今者吾丧我”，致使“形如槁木，心如死灰”，这里不涉及庄子后文的哲学本义，仅就他这种具体描述而言，正体现了客观的、形体的、外在的我失去了主观的我的提摄和管控，将会陷入一种不堪的状态。

《诗经》是我国最早的一部诗歌总集，时间限度约从西周初年至春秋中叶，内容丰富，反映了周代政治、经济、社会的方方面面，是周代社会生活的一面镜子。从《诗经·豳风·七月》中我们可以大体了解我国周代早期农业生产情况和农民生活情况。“七月流火，九月授衣”，“三之日于耜，四之日举趾”，我们可以看出，诗中主人公的生产方式、生活节奏与大自然运行规律的高度契合，体现了一种高度的“天人合一”，这不是对大自然的被动适应，而是一种认识自然规律前提下的主动适应，而农业劳动本身正是认识自然、利用自然、改造自然的实践活动。在这首诗里，人的自我管理更多地体现为生活目的的驱使，即自身活命和家庭存续，管控内容是人的外在行为，管控目标是使自己的行为节奏与自然规律合拍，这是一种适应性的自我管理。同时还应看到，诗中主人公并非纯然在与自然的关系中进行自我管理。“载玄载黄，我朱孔阳，为公子裳”，“言私其豵，献豜于公”，劳动收获不但要养活自己和家人，还要被统治者剥削一部分。诗中主人公是在处理与自然、统治者双重关系中进行自我管理的。王充《论衡感虚篇》载尧时击壤歌：“吾日出而作，日入而息，凿井而饮，耕田而食，尧何等力?”在这里，仍然是“天人合一”，但与《诗经·豳风·七月》不同的是，诗中主人公主要是在处理与自然的关系中进行自我管理，统治者似有似无，社会关系对自我管理的影响较小。吾劳作，吾管好我自己，吾养活我自己，与尧帝何干？

《尚书》是我国上古历史文献和部分追述著作汇编，其中《无逸》是周公旦告诫周成王的文字记录，其内容主要就是列举殷商统治者正反两方面的经验教训，劝诫周成王作为统治者应严格管控自己，不要安于逸乐。其中有“自度”一词，这应该是最早的关于自我管理的文字表达。

秦汉以降，一方面文献数量增多，另一方面人们自我管理意识愈发增强、逐渐自觉，关于自我管理的记载更多，既有格言式的语录，也有经验基础上的论述，还有纪传体史著，尤其纪传体史著，如《汉书·司马迁传》中的司马迁《报任安书》，《汉书·朱买臣传》中的朱买臣发愤读书，《晋书·周处传》中的周处除三害等，为我们提供了鲜活的自我管理事例。《朱买臣传》记载，朱买臣“家贫，好读书，不治产业，常艾薪樵，卖以给食，担束薪，行且诵书”，其妻不堪忍受清苦，弃朱买臣而去，朱买臣初衷不改，依然读书不辍，“行歌道中”。限于篇幅，这里不再列举。

从历史实践看，人的自我管理，首先离不开人自我意识的觉醒。人把自身从自然环境、人类社会中分离出来，逐步达到主体的自觉，与自然、社会的关系实现由被动适应向主动适应的转变，这是人之所以为人的前提，也是人类发展的必要条件，人自我管理能力的水平从某种意义上说代表着与动物性相对的人性的发展水平。其次，管控离不开客观环境。人的自我管理是在人与自然环境的关系、人与社会的关系这样一种双重关系背景下进行的，这与人的自然属性和社会属性相吻合。在远古时代，人的社会组织不够发达，人与自然的关系在人的生存斗争中占有更大比重，人的自我管理也就更注重与自然规律的契合；随着人类社会组织化程度越来越高，人的自我管理也就越来越注重与社会运行规律的契合。再次，人的自我管理具有很强的目的性。目的性是人类活动的最基本特征，这是人类区别于动物的重要标志。人的自我管理从一开始就具有很强的目的性，从最初的求生存，到后来的求发展，从士子的求仕进，到最高统治者的求政权稳固，无不具有明确的目的性。

这里需要特别强调的是，从历史实践看，人的自我管理离不开客观环境，即离不开自然环境和社会环境，但从人类发展来看，这还不够全面，还应该包含人与自我的关系，即主观我与客观我的关系，也就是《庄子·齐物论》中“吾”与“我”的关系。诚然，从人自我管理的过程和机理来看，主观我与客观我是对立统一的，两者的相互作用贯穿于自我管理的全过程。更重要的是，人的发展才是最终目的，人的内在需要才是最本质的需要，所以，在积极应对外在环境的同时，调适好主观我与客观我的关系，营造一个良好的主观精神世界，这必然是题中之意。

如上所述，人类个体对自身的认识是和人类认识自然、认识社会伴随始终的。一方面，出于适应自然、利用自然、改造自然和处理人与人、人与社会关系的需要，人类持续进行自我观察、自我修养、自我管理实践并不断总结经验。这种经验总结，既有观察式的，也有内省式的，经验不断积累，或保存在记忆里，或形诸文字，变成口传文化和文献资料，成为人类浩瀚文化的重要组成部分。另一方面，按照亚里士多德的观点，求知是人的本性，对于人是什么，人从哪里来，人性怎样等问题，人类一直在做不懈的地探索。这两个方面是互为表里、相互依存、相互促进的，前者为后者提供了实践基础和思辨材料，后者为前者提供了理论指导。

三　自我管理的理想境界①

王国维在《人间词话》中曾指出，古今之成事业、大学问者，必经过三种境界。第一种境界是“昨夜西风凋碧树，独上高楼，望尽天涯路”。第二种境界是“衣带渐宽终不悔，为伊消得人憔悴”。第三种境界是“众里寻他千百度，蓦然回首，那人却在灯火阑珊处”。上述做事做学问的三种境界也是做事、做学问的三个阶段。其中，“昨夜西风凋碧树，独上高楼，望尽天涯路”，这是感知阶段；“衣带渐宽终不悔，为伊消得人憔悴”，这是艰苦的求索阶段，强者以之为乐，弱者以之为

---

① 郭海龙：《自我管理理论之道与实践之用》，北京大学出版社 2015 年版，第 143—145 页。

苦；“众里寻他千百度，蓦然回首，那人却在灯火阑珊处”，这是回报付出的收获阶段。这三句话既可以用来形容做事和做学问，也可以用来指称自我管理的过程和境界。其中的第一境界类似于自我管理中所讲的目标确立阶段，第二境界类似于自我管理时实现目标过程中的艰苦奋斗竭力协调和尽力控制阶段，第三境界类似于自我管理目标实现后的惊喜阶段。

追求管理境界亦是中华管理文化的精髓。老子在《道德经》中也曾谈及管理境界。他说：“太上，不知有之；其次，亲而誉之；其次，畏之；其次，侮之。”[①] 意思是说，最高明的管理者，让被管理者都感觉不到其存在，但一切事情都已经被安排得井井有条，这就是无为而治。较好的管理者实行善政，被管理者亲近管理者、赞誉管理者。再次的管理者，让被管理者感到畏惧。差的管理者，被管理者讨厌他、辱没他。可见，老子把管理者按其管理水平和境界的高低分为优、良、中、差四个等级。个人自我管理境界的划分，按照不同的标准会有不同的境界。当然，作为管理的一种类型，不同人的自我管理也有境界的差别。

如果参照冯友兰先生对于人生境界的论述，可将个人自我管理的境界分为无我境界（自然境界）、有我境界（功利境界）、无他境界（道德境界）、有他境界（天地境界）。“无我境界”就是按照本能和习俗行事，没有真正意义上的“自我”；生活在“有我境界”中的人，有了明确的“自我”，也懂得自我规划来谋求自我利益；生活在“无他境界”中的人，懂得世上并非只有自己还存在他人和社会，其为人行事往往正义谋利，甚至见义忘利；而生活在“有他境界”的人，不仅能尽人伦天职、行人道，而且能尽天伦天职，能事天乐天、行天道。习近平讲，我将无我，不负人民，便是最高境界的真实写照和实践。

根据郭海龙的观点，自我管理也有四个境界：经验管理境界、科学管理境界、伦理管理境界和艺术管理境界。

（一）经验管理境界

经验管理就是自我管理者依靠个人经验来进行自我管理。从获得途

---

① 《道德经·第十七章》。

径来说，自我管理者的经验，有些是自己在实践中摸索出来的，有些是从先辈那里继承和获得的。自我管理者在实践中自己摸索出来的经验，由于已经过历史检验或他人验证，因而具有较大的普遍适用性。当然如果接受者固守传统、裹足不前，甚至厚古薄今、食古不化、创新不足，也容易使经验失效、失灵。由于经验总是因人、因时、因地的不同而有差异的。因此，自我管理可以借鉴但不能照搬照抄别人的经验。对别人有效的自我管理经验，对自己不一定必然适用。总的来说，靠经验来进行自我管理的优点在于省时、省事、省力，通过过去和现在去推知未来；其缺点在于往往以不变应万变，缺乏应急管理机制，难以应对具有不确定性的情形。

（二）科学管理境界

科学管理就是自我管理者通过探究自我管理中蕴含的科学原理和道理，尊重和依靠科学来进行自我管理。科学管理境界有如下特点：首先，科学管理的精髓是用精确的调查研究和科学知识来代替个人的判断、意见和经验。其次，讲求效率的优化思想和调查研究的科学方法。再次，推动了自我管理教育的发展。与经验管理境界相比，自我管理的科学管理境界所关注的是自我管理中的共性，它将自我管理由经验或习惯变成一门科学，从而使自我管理教育成为可能。当然，自我管理的科学境界也有缺陷和弊端：比如，往往强调标准化，而忽视自我管理的个性化和差异化。

（三）伦理管理境界

人的行为都是在一定伦理背景下进行的。每个人的自我行为、外在行动表现及决断，都会不得不受伦理道德的约束和考验。如果一个人在自我管理时不讲伦理，那他的行为很难说是在进行自我管理。当然，自我管理所讲的伦理，既包括适用于人间运行的人道人伦，也包括适用于人与自然间运行的天道天伦。因此，自我管理和伦理要求主要有三个方面：一是以自我能力发挥和自我实现为目标的自我伦理管理，这是对自己讲伦理；二是以诚信友善为本的交往伦理管理，这是对他人讲伦理；三是以可持续发展为目标的自我生态伦理管理，这是对自然环境、生态环境讲伦理。总之，自我伦理管理直接指向自我管理者的精神世界，它通过塑造和改变人的思想价值观念来调控人的外显行为以及人际关系等内容。自我伦理管理既利己又利人，其管理效果功在当代、利在千秋。当然，自我伦理管理绝非一劳永逸之事，需要自我管理者持之以恒、常抓不懈。

（四）艺术管理境界

艺术管理、美学管理是自我管理追求的最高境界。艺术管理境界并不排斥科学管理境界和伦理管理境界；相反，艺术管理境界既包容了科学管理境界，也包容了伦理管理境界，是追求真善美完美统一的管理境界。“在管理培训中，很少包括诗歌和哲学。”[①] 在现时代，“我们希望新一代的管理者和领导者能够认识到，诗歌和哲学精神与分析和技术同等重要”[②]。正因为自我管理的艺术境界是科学境界、道德境界、哲学境界和美学境界的统一体，所以，有效的自我管理者也必须是集科学家、伦理学家和艺术家于一身的百科全书式人物。自我管理艺术追求的自由与和谐的统一，实际上就是要正确处理个人与组织、个人与社会、个人与自然等一系列关系问题，就是既要具有个体思想，主体意识，也要具有整体思维、协同意识。中国古代儒家讲“修身，齐家，治国，平天下”的主张，其中渗透的一个核心思想是：个人的自我管理（修身）是构建和谐社会（平天下）的基石，没有个人内在修为的自由与和谐，要想达到宏观社会的整体和谐是不可思议的。中国古代的道家强调“无为而治”和“物我一体”。“无为而治”的思想主张通过“无为”达到“无不为”的境界，就充分体现了自我管理的自由观与和谐观，而“物我一体”思想则直接体现了自我管理所追求的和谐妙境。

第二节　自我管理对人的发展的作用

一　自我管理有利于提高人的整体素质

现代社会对人的素质提出更高的要求，一个人要在工作、生活、学

---

① ［美］李·C. 鲍曼、特伦斯·E. 迪尔：《组织重构——艺术、选择及领导》，梁强等译，高等教育出版社 2005 年版，第 472 页。

② 同上书，第 474 页。

习上追求卓越，就要提高综合素质，否则如同一只由参差不齐的木板拼接成的木桶，其结果只能是功亏一篑。人的素质的提高，主要由两方面的因素所决定，一是外在社会环境政治、经济、文化、教育等建设的条件和氛围的影响；二是主观努力和实践锻炼影响。在客观环境一定情形下，除了部分先天因素之外，个人主观努力和实践尤为重要。而这诸多方面属于自我管理的核心内容。现代人不能像古人那样仅仅局限于“闭门思过”，而是要自觉地、主动地在社会实践中、在自我管理的过程中去认识自我、认识世界，这是提高自身素质的有效手段。自我管理的积极意义并不仅限于此，从整体意义上说，它对于提高全民族的素质更具有基础性的作用，是国家综合实力的重要体现，是国际竞争力的重要方面。

二　自我管理有利于提高人生的质量

提高人生的质量，是人所追求的一大目标。它既已成为世界的潮流，又是时代的呼唤，也给人的自我管理提出了严峻的课题。应当说，每一个人都在追求生活质量的提高，但是并非人人都能如愿以偿。影响和决定人们生活质量的因素有许多，对于个人来说，倘若社会方面、客观环境方面的条件都能具备，自己人生目标明确，但未能实施积极有效的自我管理，那么提高质量的基本条件就依然缺乏，人生幸福和美好生活就依然是可望而不可即。

每个人都生活在特定的客观环境中，由于个人禀赋、教育背景、社会关系、发展机遇的不同，不仅吸纳外部环境对生活质量正面影响的能力不同，而且摆脱外部环境对生活质量负面影响的能力也有相当大的差异。提高生活质量，当然需要在全社会创造等量贡献获得等量社会回报、体现社会公平公正的必要条件；然而对个人来讲，最重要的是树立正确的人生观，追求并坚持科学、健康的生活方式，实行严格的自律习惯等等。

总之，就是要实施积极有效的自我管理，优化和改善自身的各种条件，提升个人生活质量的层次。只有这样，才能适应当今社会大环境的需要，在更高层次上实现自身价值，为社会作出贡献。

三　自我管理有利于把握人生的真谛

人的自我管理有广义和狭义之分，从狭义上讲，就是指每一个生活在当今时代的人，为了在社会上生存并实现全面发展，逐步确定清晰的人生目标，通过自我认识、自我分析、自我设计、自我激励，最大限度地提高自己的综合素质和人生价值；人的自我管理是对自己生命活动的一种积极筹划和主动调节，是对自身思维方式和行为过程的一种有效控制。它是一个动态的过程，有着丰富的内容，循环往复，不断达到新的境界。

彼得·德鲁克指出：有伟大成就的人，例如拿破仑、达·芬奇与莫扎特之辈，向来善于自我管理，也因此傲视群伦……知识社会，是一个崇尚成功的社会。但是，期待人人都成功只是幻想。对大多数人来说，能够避免失败，已属不易。对于渴望管理好自己人生、事业与提高生活质量的人们来说，杜拉克的阐述无疑是智者的箴言。易卜生讲：人的第一天职是什么？答案很简单：做自己。做自己，谈何容易。既要认清自己的长处和短处，准确地给自己定位；又要正确应对各种环境、处理好复杂的人际关系，包括抵御各种诱惑、避免掉进各类陷阱，还要经常同自己的盲目性、惰性、私欲以及迷失搏斗。只有科学地认识自己，顽强地战胜自己，有效地管理自己，才有可能达到易卜生说的“做自己”的境界。

能否管理自己是和能否认识、战胜自己联系在一起的。认识自己是前提，战胜自己、管理自己是必然。只有对自己的个性、智慧、能力、优势以及弱项、缺陷、不足等方面有清醒的认识和科学的判断，才能扬长避短，有效地管理自己，科学地规划自己，让生命之舟沿着正确的航向鼓帆前进。而一旦步入误区，只有及时迷途知返、调整修正自己，这样才算达到了自我管理的较高境界，才是保持了自己的个性，才是没有失却自己。

四　自我管理有利于养成积极进取的生活态度

自我管理是人自我审视、自我设计的过程，而这也是自我认知强化的过程，对个人的学习、工作与生活具有重要的推动作用。这主要缘于自我认知中两个积极因素——自尊心与自信心，它们对个人行为发生有重大影响。自尊心和自信心较强的人，大多表现为锐意进取，追求一种健康的、积极向上的思维方式、学习方式、工作方式和生活方式，不断提高自身素质，最大限度地实现人生价值，达到自我实现的人生境界。

我们在前面已提到，自我管理要遵循管理学的一般法则，必须以目标为导向，而确立科学的人生目标，人生态度至关重要。人生态度是构成人生目标的要素之一。人们的生活态度不是一成不变的，它随着客观的要求而发生变化。态度的变化不能强迫进行，必须通过自愿。一个人的生活态度是否发生变化，原因十分复杂，其中，自我意识对人生态度的转变具有不可替代的作用。

五　自我管理有利于实现组织的凝聚力

正如彼得·德鲁克所指出的那样，越来越多在工作职场上的人，需要学习“经营、管理自己”。大多数人都以为清楚自己的长处何在，其实不然。一般人比较清楚自己的弱点，但是知己所长非常重要，他们要懂得将自己放在最能有所贡献的地方，并发挥自己的所长。

第一，有利于强化员工的组织认同。历史和现实反复证明，任何组织的兴衰存亡，归根到底取决于它对推动社会进步的作用以及员工对组织使命的认同程度。如果缺乏员工认同，任何组织都不可能长久存在。传统的金字塔形组织存在着严重的弊病：组织内部活力不足，组织成员的参与热情和对组织的认同感、归属感均因员工权利的虚置而弱化和淡化，组织的凝聚力、竞争力不断下降。自我管理客观上提升了组织在成员心目中的感召力和凝聚力，有利于增强员工参与组织公共事务的热情，从而激发员工对组织的归属感和认同感。

第二，有助于提升员工满意度和管理效能。自我管理的特点决定了管理过程是参与式的或者沟通式的，潜含着在个体自我表达和组织目标实现之间寻求最大公约数，这对于提升员工的满意度和管理效能来说，是一种顺其自然之事。通过自我管理，发挥组织中员工积极性，能够最大限度降低管理协调和沟通中的障碍，增加全体人员的参与度，进而有助于增强员工满意度，提高产品质量，从而提高管理的效能。

第三，有助于组织决策的有效和实施。随着自我管理制度的建设和民主程序的普及，越来越多决策不再取决于少数管理者，而是必须通过民意咨询、问卷调查、决策辩论等形式才能最终决定。员工判断决策是否正当，往往以受决策影响的组织员工是否参与决策制定为标准。自我管理既提高了员工参与组织决策的积极性，又增加了决策的科学性，有助于提高组织决策的民主性和权威性，使组织决策在组织员工中具有强大的影响力和号召力，从而使决策的贯彻执行变得相对容易。正如威尔金森（Wilkinson）所指出的，员工参与决策过程会改变组织结构和管理体系，对提升组织绩效有积极贡献。[①] 自我管理允许员工在工作中行使一定的自主权，这既能激励他们根据具体问题作出灵活反应或提出可行建议，又能促使他们轻松面对组织运作模式和组织结构的变革。

六　自我管理有利于中华传统文化在当代的价值传承，助推传统人到现代人的跨越

春秋时期，孔子就提出了“正人正己”的观点。他认为，一个人尤其是领导者，首先管好自己，才有可能管好别人；本身正派，不发布命令，事情也办得通；本身不正派，就是发布命令，百姓也不会听从。同时，在五千年来的中华传统美德中，倡导“修身齐家治国平天下”，就是把“修身”放在首位，留有“吾日三省吾身”“内省慎独”等许多精辟的言论，这些思想瑰宝集中体现着古人重视自我管理的理念。当然，在传统文化中，落后于时代的思想也比比皆是，严重影响了人的自我管理意识的觉醒，这是传统人的一个典型特征。

在当今科技和信息高速发展的今天，无数事实证明一个具有创新素质、公民意识和科学素养的人所组成的民族共同体，要比由诸多盲从、愚昧、迷信的乌合之众组成的民族共同体更为强大，更具有自立于世界民族之林的能力，亦更具有在综合国力的激烈竞争中立于不败之地的潜

---

① Wilkinson A, “Empowerment: Theory and Practice”, Personnel Review, 1998, 27 (1), pp. 40 – 56.

在力量。可以断言，唯有敢于同一切阻碍个人发展和中国现代化进程的旧传统观念实行最彻底决裂的人才能走在时代前列，才能成为真正意义上的人才，成为现代化的中华民族的脊梁。

七 自我管理有利于提升人的素质，推动社会全面发展进步

"素质"是一个人在社会生活中思想与行为的具体表现。在社会上，素质一般定义为：一个人文化水平的高低，身体的健康程度，以及个人的惯性思维能力和对事物的洞察能力、管理能力和智商、情商层次高低以及与职业技能所达级别的综合体现等。现在"素质"这个词，已被广泛应用于说明人和各种组织的现时状态，例如：干部素质、教师素质、部队素质等。学术界对人的素质的定义有"特征（特点）说"、"品质（修养）说"、"要素（条件）说"、"水平说"、"综合说"以及"系统说"等。笔者比较赞成"要素（条件）说"，即人的素质是指人在工作、生活及一切社会活动中所具备的自身条件，它的综合效应表现为人本身认识和改造世界的条件和能力，它是指作为物质或精神生产中同客体相对应的主体（人）所具有的各种条件和要素的总和。人的素质就是在质的方面的物质要素与精神要素的总和，它是人的体质、品质、气质、性格、能力、知识和智商、情商等各种要素的综合，它是人作为主体的内在根据和条件，是构成人的各种要素的现实状态，核心是指人的本质性能力。

对人的素质的特点，一般来说要从两个方面加以把握：一方面是从人的特点来看素质的特点。由于人具有自然性、社会性、价值性、实践性，所以，人的素质自然也具有自然性、社会性、价值性、实践性的特征；另一方面，人的素质除具有人的一般特点外，还有它自身与人的能力、行为等方面相比较的基本特点。素质是内在的也是外显的，内在的素质隐含在人的一切行为之中；外显的素质直接表征为人的行为表现、言谈举止表现等。素质是人的活动形成和发展的基础，形成后具有相对稳定性。

基于对现代人素质的深入分析，目前有越来越多的学者认为，人的素质有三大特征。一是主体性，指现代人的主体意识的自觉性增强，主

体人格的提升，主体能力的扩大以及在社会实践活动中主体地位的提高；二是角色性，指现代人具有不同的社会角色，其中主要的角色有单位人、社会人、地球人和经济人、政治人、道德人；三是复合性，指现代人因所从事的职业、所追求的事业不尽相同，所以具有各不相同的素质，这些素质有机地结合成一种多侧面、多层次的复合体。

随着社会的发展进步，尤其是在当前建立和发展市场经济的条件下，人的主观能动性不断得到发挥，人格、精神、道德、文化、科学等得之于后天的素质对人的命运的影响力越来越强，人们越来越清楚地感受到社会进步对个人综合素质的挑战。前些年，国内部分学者提出的“思维决定命运”的观点曾经一度流行。他们认为，超越性思维具有独特的作用。只要突破思维的障碍，超越种种偏见和陷阱，谁都可以先人一步获得成功；只要做生活的有心人，人人都可以“超越”思维的障碍，书写自己人生的传奇。不仅如此，欧洲和美国的学术界在 20 世纪 90 年代中后期也曾提出了一种“智商决定一切”的理论，认为“智商就是命运”，智商不仅决定着一个人聪明或愚蠢的程度，还决定着一个人社会地位的高低，智商决定着一个人拥有财富的多少，同时还决定着一个人对社会的影响。此种理论虽然新颖，但却经不起实践的检验。人们在社会现实中看到的情况是，一个智商很高的人，可能是一个处处碰壁的不得志者，甚至可能沦为一名罪犯；一群智商不相上下的人，其命运却互不相同，有的甚至相差悬殊；而且，智商也不是一成不变的，勤于学习和善于思考可以使智商提高，懒惰和浮躁可以使智商降低。随后，美国学术界又有人提出了“情商决定论”。这种理论认为，智商对人的成功只产生 20% 左右的作用，其余的主要由情商决定。情商是衡量一个人情绪智力高低的一个指标。人们的情绪智力，指的是一个人控制自己情绪以及揣摩、察觉和疏导别人情绪的能力，以及面临压抑情景的挫折承受能力与应变能力。

性格、思维也好，智商、情商也罢，都包含在一个人的素质之中。把一个人的综合素质割裂开来，片面地只强调哪一方面的素质都是不科学的，也是不符合实际的。正确的做法是坚持立足于综合素质的提高。一个人要在工作、生活、学习上追求卓越，要想取得事业上的成功，必须全面提高自己各方面的素质；如果只提高某些方面的素质，而忽略了其他方面素质的提高，其结果只能是功亏一篑。在现实生活中经常可以观察到这样的现象——有的人许多方面都很优秀，但就是克服不掉自身的某些明显缺陷，不仅使得其他方面的长处难以充分发挥或彼此抵消，而且屡屡受挫甚至全盘皆输。对于这些问题，通过自我管理的修炼，可以有效地进行克服，从而提高素质，实现人的全面发展。

第三节　自我管理对人的发展的意义

每个人的成长、成才都要自我管理，可以说一个不能实现自我管理的人，是不成熟的人。自我管理的理性和感性，构成了人得以成熟处事的基本判断和选择，面对不同的境遇，自我管理对人的发展将起到不可估量的作用。

一　自我管理为人的发展创造良好的组织环境

在传统管理模式中，掌握信息的人不决策，而决策的人缺信息。“虽然有关问题的信息来自于底层，但关于如何解决问题的决定却来自于顶层。这造成了位于顶层的人作出不正确的、成本高昂的、不及时的决定，而位于底层的人感觉到没有权力、沮丧和不受尊重。”① 管理者把守着交流之门，控制着向上和向下传递信息，他们限制员工得到重要的信息。结果，这滋生了在这些组织中流行的闲言碎语和流言蜚语，毁灭了信任，更歪曲了交流。那么，如何改变上述局面呢？只能通过以下方式来疗救：认真对待员工抱怨，使员工负责解决他们发现的问题。换言之，就是要使员工进行自我管理。传统管理习惯于从外部激励员工，但收效甚微。而自我管理善于从内部激励员工，其效用弥久。在民主型自我管理组织中，信息壁垒被拆除，知识获得了共享，流言蜚语不攻自破，员工之间构建了一种既相互竞争又相互支持的关系，组织交流、组

---

① ［美］肯尼思·克洛克、琼·戈德史密斯：《管理的终结》，王宏伟译，中信出版社2004年版，第46页。

织士气和劳动生产率均会大大提升。因为“允许雇员们在有权对重要问题进行决策的民主组织的团队中管理自我，是一个非常有力的激发因素”①。

自我管理有助于提升人的生存需要各种各样的条件。张舒宁、傅长吉在文章《浅论人的自我管理》中论述到，资源的有限性与需求的无限性之间存在着矛盾，需求和供给之间差距越大，矛盾越尖锐。这就要求人们不仅要能大限度地发挥自己的潜能，完成自我实现，还需要个人具有社会责任感，有效控制自己的需求和行为。而通过自我管理可以有效解决这一问题，自我管理能够使人在接受法律规范的同时，从内心出发，以社会的总体需要为前提，对自己的行为进行思考，有意识地管理自己的思想和行为，从而造就有社会责任感和道德伦理观的人。

二 自我管理促进人对组织的认同

具体来说：第一，强化员工的组织认同。历史和现实反复证明，任何组织的兴衰存亡，归根到底取决于它对推动社会进步的作用以及员工对组织使命的认同程度。如果缺乏员工认同，任何组织都不可能长久存在。传统的金字塔形组织存在严重的弊病：组织内活力不足，员工的参与热情和对组织的认同感、归属感均因员工权利的虚置而弱化和淡化，组织的凝聚力、竞争力不断下降。自我管理客观上提升了组织在员工心目中的感召力和凝聚力，有利于增强员工参与组织公共事务的热情，从而激发组织员工对组织的归属感和认同感。利克特（Likert）认为，参与式管理能增强员工与管理者间的信任，消除组织变革阻力，提升组织凝聚力。自我管理既提高了员工参与组织决策的积极性，又增加了决策的科学性，有助于提高组织决策的民主性和权威性，使组织决策在组织员工中具有强大影响力和号召力，从而使决策的贯彻执行变得相对容易。正如威尔金森（Wilkinson）所指出的，员工参与决策过程会改变组织结构和管理体系，对提升组织绩效有积极贡献。自我管理允许员工

---

① ［美］肯尼思·克洛克、琼·戈德史密斯：《管理的终结》，王宏伟译，中信出版社2004年版，第54页。

在工作中行使一定的自主权，这既能激励他们根据具体问题作出灵活反应或提出可行建议，又能促使他们轻松面对组织运作模式和组织结构的变革。

三 自我管理为人的全面发展、实现中国梦提供有效途径

党的十八大以来，习近平总书记在讲话中多次讲到个人发展与国家、民族发展的关系，中国梦是国家梦、民族梦、也是每一个中国人的梦……13 亿个鲜活生动的个人梦想百川归海汇成中国梦。中国梦的广阔舞台，为个人梦想提供了蓬勃生长的空间；每个人向着梦想的不断努力，又都是实现中华民族伟大复兴的中国梦的重要力量。由此看出，促进人的全面发展，实现个人自我梦想，进而实现中华民族伟大复兴的中国梦，离不开人的自我管理。它是实现上述目标的重要渠道，是必不可少的重要条件之一，具有不可替代的作用。

四 自我管理为推动管理变革，构建和谐社会创设了内在条件

和谐社会的构建需要个人自觉将自己的命运与国家命运联系在一起，在共同思想价值的引领下向前发展。对于当下中国来说，共同的思想价值引领就是我们的社会主义核心价值观，24 字表述承载着一个民族、一个国家的精神追求，体现着一个社会评判是非曲直的价值标准，深刻阐明了国家社会个人建设的基础就是要全面提高人的素质；而在人们提高自身素质的过程中，自我管理是切实可行的有效方法之一，是必不可少的重要环节。和谐社会的基础是造就以亿计的有文化、有道德、有理想、遵纪守法的公民，从而成为和谐社会里对社会有益的人；而倡导并强化现代人的自我管理，将促使广大公民不断增强自我管理意识，积极培养自我管理能力，这是构建和谐社会的题中应有之义。

第四章　自我管理与人才发展

人才的自我管理有广义和狭义之分，我们所要探究的主要是后者。从广义上讲，就是指当代人类为了获取持续生存与发展的条件，对自身行为和各类活动进行科学筹划、合理组织和有效控制的过程。从狭义上讲，就是指每一个生活在当今时代的人，为了在社会上生存并实现全面发展，逐步地确定清晰的人生目标，通过自我认识、自我分析、自我设计、自我教育、自我激励、自我控制，最大限度地提高自己的综合素质、生活质量和人生价值。人才的自我管理是对自己生命活动的一种积极筹划和主动调节，是对自身思维方式和行为过程的一种有效控制。

第一节　人才的概念和特征

关于人才概念的界定及其演变就现有的文献记载看，在我国出现最早可以追溯到东汉时期。东汉唯物主义思想家王充在其所著的《论衡》开卷篇就强调，“人才高下，不能均同”“操行有常贤，仕宦无常遇。贤不贤，才也；遇不遇，时也”。[①] 马克思和恩格斯在著作中，也开始使用人才的概念。马克思在《1848 年至 1850 年的法兰西阶级斗争》一文指出，“置身于官方反对派的行列或者完全处于选举权享有者的范围之外的有上述阶级的意识形态代表和发言人，即它们的学者律师、医生等等，简言之，就是它们的那些所谓‘专门人才’[②]。中国共产党人在

① 王充：《论衡·卷一·逢遇篇》。

② 《马克思恩格斯选集》第 1 卷，人民出版社 1995 年版，第 378 页。

不同的历史时期和历史阶段，根据革命、建设和改革以及社会经济发展的实际需要，赋予人才概念不同的内涵和理解。毛泽东对于人才概念的理解是‘又红又专’”，他指出，“政治和业务是对立统一的，政治是主要的，是第一位的，一定要反对不问政治的倾向；但是，专搞政治，不懂技术，不懂业务，也不行……我们各行各业的干部都要努力精通技术和业务，使自己成为内行，又红又专”。邓小平对于干部和人才则提出了“四化”的标准，“中国要出问题还是出在共产党内部。对这个问题要清醒，要注意培养人，要按照革命化、年轻化、知识化、专业化的标准，选拔德才兼备的人进班子”。

改革开放以来，国内对于人才概念的界定和理解可以大致划分为两大营：一是理论上的范畴，基本上属于抽象化的人才概念，主要从人才本质特征的角度进行高度抽象和概括。如王通讯的外在贡献论人才，他认为，“人才，就是指为社会发展和人类进步进行了创造性劳动，在某一领域、某一行业或某一工作上作出较大贡献的人”①；叶忠海的既强调内在素质又兼顾外在贡献论人才，他认为，“人才是指在一定社会条件下，具有一定知识和技能，能以其创造性劳动，对社会或社会某方面的发展，作出某种较大贡献的人”②；罗洪铁的内看素质与外看成果论人才，他认为，“人才，是指那些具有良好的素质能够在一定的外部条件的支持下通过不断地取得创造性劳动成果，对人类社会的发展产生了较大影响的人”③；夏建刚等人的以精英论人才，他们认为“人才，是少数具有优越的内在素质，以其创造性的劳动成果作出超常贡献的人”④；梁拴荣等人的从创新型角度论人才，他们认为，“创新型人才是指极少数能以其博专兼具的知识和经验超强的创新能力、创造性思维以及创新和自由发展的个性为社会和人类作出持续而巨大贡献的人才”⑤，等等。

① 王通讯：《人才学通论》，天津人民出版社 1985 年版，第 8 页。

② 叶忠海：《人才学基本原理》，蓝天出版社 2005 年版，第 15 页。

③ 罗洪铁：《人才学原理》，四川人民出版社 2006 年版，第 5 页。

④ 夏建刚、邹海燕：《人才概念内容探析》，《中国人才》2000 年第 4 期。

⑤ 梁拴荣、贾宏燕：《创新型人才概念新探》，《生产力研究》2011 年第 10 期。

一 人才

近年来，中央和国家层面在人才概念理论研究和人才统计实践操作的基础上，进一步深化了对人才概念的认识和把握，提出了既有一定理论概括又兼某种操作性质的人才基本概念，这就是《人才规划纲要》的界定：人才是指具有一定的专业知识或专门技能，进行创造性劳动并对社会作出贡献的人，是人才，就是指为社会发展和人类进步进行了创造性劳动，在某一领域、某一行业或某一工作上作出较大贡献的人。

人才概念实际上是由人才定义和人才标准两个层面的内容构成。人才的定义解决人才是什么的问题，是对人才本质特征的高度抽象概括，是抽象化的人才概念。人才标准解决什么人是人才的问题，是对人才本质特征的具体衡量把握，是具体化的人才概念。人才最终体现为符合人才标准的具体人员。

汉代《毛诗序〈诗经·小雅〉》之中就有“君子能常育人才，则天下喜乐之”的说法。但古人更喜欢用单字词，能用单字词的表达的尽量用单字词而不用双字词，因此虽然早就出现“人才”一词，但用的很少，多是用与人才相近的一些单词。使用比较多的是“贤”，比如常听到的“荐贤举能”“求贤若渴”。相似的还有“士”，有时还简称为“人”“才”。如唐代的陆贽：“夫求财贵广，考课贵精。”宋代以后，“人才”一词的使用明显增多，如宋朝人黄廉说：“成天下之务，莫急于人才。”李刚：“夫治天下者，必资于人才。”陈亮：“人才以用而见其能否。”清代龚自珍说：“一代之治，必有一代人才任之”，“我劝天公重抖擞，不拘一格降人才”。白话文普遍使用后，那些常常被古人使用的单字词则很少出现，而普遍用“人才”一词。对于人才定义，《现代汉语词典》的解释是“德才兼备的人”“有某种特长的人”，这是最简明的对人才定义。语义学上的人才定义，强调的是人才具有优于一般人的品德和才能，特别是才能，顾名思义“人才就是有才之人”。

人才学家王通讯对人才的定义是：人才就是为社会发展和人类进行了创造性劳动，在某一领域，某一行业，或某一工作上作出较大贡献的人。李新生给出的人才定义：人才是指那些才能高于一般人，对社会的贡献大于一般人的人。叶忠海下定义是指那些在各种社会实践活动中具有一定的专门知识（较高的技术和能力），能够以自己创造性劳动，对认识、改造自然和社会，对人类进步作出了某种较大贡献的人。综观这些定义，除了强调人才要具有优于一般人的才能外，还强调要进行创造性劳动和为社会作出较大贡献。

《中共中央　国务院关于进一步加强人才工作的决定》根据形势任务的变化和要求，对人才的定义进行了新的阐释：只要具有一定的知识或技能，能够进行创造性劳动，为推进社会主义物质文明、政治文明、精神文明建设，在建设中国特色社会主义伟大事业中作出积极贡献，都是党和国家需要的人才。这个定义吸收了人才学研究的成果，同时表述更加全面、具体、明确，并突出了人才的广泛性、大众性，充分体现了“尊重劳动、尊重知识、尊重人才、尊重创造”的方针，从而使人才定义更具有时代感和导向性，使人才概念不仅是一个人才学学术概念，而且是对人才工作和人们成才具有很强的现实指导意义的科学的人才观。

二　人才概念的适用

有了上述概念界定，我们对人才的所指向的人群的范畴有了明确的认识。在理论上，要准确理解人才概念的内涵和外延，还需把握以下几点。

（一）人才的普遍性

要使人才学成为一门真正的科学，它的研究对象——人才发展和失败规律必须具有普遍性，而要做到这一点，首先人才这一概念必须能正确反映人才的普遍性。在探讨人才概念时应运用马克思主义的科学抽象方法，即“从抽象上升到具体的方法”[①]，也就是毛泽东用来探讨战争概念的科学方法：第一步，从古今中外一切战争的共性中抽象出一个适用于一切战争的一般战争定义；第二步，从一般战争上升到具体的革命战争；第三步，再从革命战争上升到具体的中国革命战争。[②] 我们表述

---

① 《马克思恩格斯选集》第2卷，人民出版社1995年版，第103页。

② 《毛泽东选集》第1卷，人民出版社1991年版，第171页。

的人才概念就是运用“从抽象上升到具体”的方法，从古今中外一切人才的共性中抽象出来的。反过来说，我们在这里沿用和介绍的人才概念具有普遍性特征，适用于古今中外一切人才，任何时代、国家、民族、地区、行业的现实个人，只要他在特定专业的实践和认识活动中产生和发展了某种较强的才能，尤其是创造能力，他的考核成果或创造成果或影响有利于人类社会的进步事业，他就是人才。有了抽象的一般人才概念，就很容易上升为具体的社会主义人才概念；也很容易上升为中国社会主义人才概念即热爱社会主义中国、为中国社会主义事业服务的人才就是中国社会主义人才。

（二）人才的方向性

人才概念具有明确方向性。正如我们表述的人才概念规定：人才的考核成果或创造成果、影响必须“有利于促进人类社会进步事业”，而不能相反。一个人不论他有什么样的能力，也不论他有多大的能力，如果他的成果或影响不是有利于而是有碍于人类社会进步事业，那么在马克思主义的人才观看来他就不是人才。当然，现实中的情况复杂得多，有的人，例如哈维在政治领域是反动保守的，可是在自然科学领域却对医学的发展作出了重大贡献。对于这样的人我们认为他不是政治领域的人才却是科学领域的人才。

总之，一个人的成果和影响在哪一个领域有利于推动人类社会的进步事业，他就可能是哪一个领域的人才。我们所说的人类社会进步事业也是有客观标准的。按列宁的说法，生产力的状况，即是“整个社会发展的主要标准”[1]。

（三）人才的实践性

人才的较强才能是通过实践和认识的活动逐步产生和发展的，实践性是唯物主义人才观与唯心主义天才论的根本区别。唯心主义天才论把天才看作脱离实践、远离群众、生而知之的天生之才；唯物主义人才观概念虽然不否认某些先天的生理和心理素质对人才的发展有一定影响，但更多坚持人才的知识和才能是在后天的社会实践中产生和发展的。我

① 《列宁选集》第32卷，人民出版社1995年版，第224页。

们所讲的实践是指以人民群众为主体的人们运用一定工具或手段有目的、有意识地认识世界和改造世界并创造出一定产品的客观物质活动。既然我们说的实践是以人民群众为主体，那么我们说人才来自实践也包括人才来自群众、来自集体的含义。随着科学劳动的社会化，人才个体按一定结构结成人才群体已是不可抗拒的历史趋势，在人类进步事业中各类人才群体发挥着日益巨大的作用，人才个体的发展和成功也越来越依赖人才群体的作用。另外，人才的成长也离不开广大人民群众，是人民群众养育了人才，为人才提供了发展的条件，提供了智慧和经验的无尽源泉。这说明人才概念的实践性从另一个角度体现出它的社会性。

（四）人才的客观性

我们所讲的人才不是自封的，而是有客观标志的。人才概念要以有利于促进人类社会进步事业的考核成果、创造成果或影响作为客观标志，这就明确体现了人才概念的客观性。都是不以人们的意志为转移的客观实在。当然，人们对它的评价难免与实际有出入，但是给人才明确规定了以上的客观标志，就有利于较客观地衡量一个人到底是不是人才，是哪一层次的人才。以人们的创造成果作为客观标志容易理解，问题是为什么还要以考核成果作为客观标志呢？这是因为要把求学阶段的人才也概括到人才概念中，所以要以他们的考核成果为标志，例如，以少年大学生的入学考核成果为标志，认定他们是有培养前途的人才；又如以研究生的入学考核成果为标志，认定他们是攻读硕士学位的人才。除了考核成果和创造成果以外，为什么还要以影响作为客观标志呢？这是因为要把某类特殊人才也概括到人才概念中。这类特殊人才（如刘胡兰、雷锋等）的特点是，他们在民族斗争或革命斗争的关键时刻，或者在建设社会主义精神文明的过程中，虽然创造的具体成果不是特别大，但他们的英雄行为所表现的崇高精神、气节和品质却产生了特别巨大和十分深远的社会影响，大大促进了社会进步事业，使他们成为一代杰出人才。衡量这类特殊人才主要看他们的社会影响。

（五）人才的广泛性

我们在前面表述的人才概念正确反映了人才的广泛性。它同唯心主义天才论的人才观划清了界限，不是单指少数杰出人物，而是指包括杰出人物在内的符合条件的一切现实个人。它也不同于前面谈到的第一类人才概念，它不仅包括作出较大贡献的较高层次的人才，也包括作出中等贡献或较少贡献的较低层次的人才，还包括虽有创造成果，但未被社会及时承认的人才，还包括有考核成果尚处于求学阶段的人才。

可见这一人才概念是具有广泛性的。但是，它又不同于前面探讨的第二类人才概念，把人才概念的外延定得过宽，它不认为所有社会成员都可以成才。它规定要具有“某种较强才能”的现实个人才是人才。既然强调具有较强才能，就有个人才的相对性问题。也就是说一个人只有在一定范围内和其他若干人或更多的人相比较，才能确定他相对说来具有较强才能。可见我们所说的人才只能是全体社会成员中的一部分，而不可能是全体或大部分社会成员。

（六）人才的可控制性

人才的可控制性是指人才系统的可控制特性。相对于整个社会环境系统来说，人才是处于社会环境大系统中可控制的开放性小系统，它通过不断同社会环境大系统交换信息来发展自己。当不同类型的人才侧重发展其中某种能力时候，会通过人的大脑中感觉区、贮存区、判断区、想象区获取外界信息并消化吸收，转化为自我的能力。创造型人才侧重发展重组信息的能力，即综合性创造能力；再现型人才侧重发展再现和调节信息的能力，即表达和操作能力；发现型人才则处于以上两类人才的中间状态。主体系统可控制和设计自己能力发展的类型和方向，社会环境大系统如家庭、学校、用人单位、国家人事部门和计划部门也可以通过一定的方式控制即调节人才发展的类型和方向。

人才的能力可归结为人才主体有利于社会进步的考核成果、创造成果和影响向社会提供的信息量，因而识别和发现人才，特别是识别和发现人才的重要途径就要看他向社会提供的信息。而要使这途径畅通无阻，就要使人们尽可能充分发出自己独创的信息。要做到这一点，又有赖于人民言论和出版自由权利得到真正尊重和法律保护；有赖于学术上自由探讨风气的发扬。一句话，有赖于社会环境大系统向着高度民主的方向发展。

三 人才的特征

人才作为特殊群体，其不同于普通的劳动者，了解他们的特征，有利于我们更好地做好人才工作。

（一）创新性

创新能力是人才最鲜明的特征。创新能力集中表现为创新活动，他是以开发成果为基础，收集知识信息并进行加工、整理，形成新思想、新产品的复杂活动。创新能力包含三个方面：思想能力，即科学研究的素质和创新思维，能发现问题和解决问题；知识能力，即开阔的视野，较高的知识水准，对新知识、新思想、新技术具有良好的学习能力和领悟能力；实践能力，即能把创新思想转化、运用到实际中，具备较强的实践能力、操作能力和创新精神，良好的创新精神是选择进行创新的活力，创新精神是与创新活动有关的非智力素质，体现出创新活动时的一种心理、精神、情感、品性等，创新是一种长期性的、开拓性的、困难重重的、成败难料的风险，创新精神就是有较强的创新意识，能够充分认识和面对创新风险，并对创新潜在的收益有理性的预期。没有良好的创新精神作为支撑，创新活动不仅难以开展，更难以持续。

大量的事实表明，有成就的创新者往往具有卓越的非智力因素，2002 年清华大学对两院院士就创新能力所做的一项调查显示，人才需具有四个方面的人格素质特征：一是强烈的好奇心和探求事物本质的习性；二是具有适度的质疑与冒险精神；三是具有克服障碍的意志和恒心；四是具有善于提出假想，勇于付诸实践的品性。创新动机，强烈的创新欲望是投身创新活动的驱动力，超强的创新能力、良好的创新人格，是开展创新活动的前提和准备。创新动机是牵引人才切实开展创新实践的动力，是激发人的创新能力和创新人格在实践中落实的表现，这时的创新人才是显性的。有效的行为动机能催生创新实践的开展；动机可分为内生动机和外生动机，顾名思义，内生动机是以自我对创新挑战、对创新任务感到满意而形成的动机；外生动机是受外界的压力和诱导而产生的行为动机，外生动机的存在使得我们采取激励机制有了实际的可能。

人才与一般人员相比最大的区别在于：一般人往往只是被动地适应组织和环境，而人才是组织里最富有活力要素，人才在个人特质、心理需求、价值观念及工作方式等方面的诸多特殊性，也引发了组织对人才进行开发、管理、激励须采用比较特殊的方式，要提供开放、灵活、自主的环境。个性的自由发展是人才成长与发展的前提。人才创造性思维活动的特点，决定了其劳动过程可能发生在每时每刻和任何场所，固定的劳动规则会限制人才的创造性活动。因此，人才一般拥有较强的独立自主性，在组织中也往往表现出较高的自我管理能力，并且工作成果常常以某种思想、创意、技术发明、管理创新的形式出现。他们向往拥有一个灵活的组织和自主的工作环境，关注工作场所、工作时间的灵活性以及宽松的组织气氛，强调在工作中自我管理，愿意尝试各种可能性。因此，在组织中需要强调创新人才内在的自由，创造适合人才充分发挥才能的宽松条件，营造自主、自由、轻松的创新环境，在环境中预留更多个人发挥的空间。转变对人才岗位职责的硬性规定和量化的评价标准，探索多种激励手段，形成适合不同人才发展的各种激励途径。

（二）流动性

人才具有实现自我价值的强烈欲望，在一定的物质需求得到满足后，他们往往产生了更高层次的需求。与一般人员相比，他们更加需要满足感、成就感，在意并强烈期望得到社会的承认与尊重。因此，需要组织强化创新激励机制，设计一些挑战性的项目，使人才获得新的事业感、成就感，让事业激励成为人才的长期追求。提供人才成长和晋升的通道，建立和完善以“平等竞争、择优录用”为原则的任用和升迁制度，使人才获得发挥自己专业特长和成就自己事业的机会，以不断创新的组织战略和奋斗目标激励人才。

组织之间针对人才的竞争，为人才的流动提供了宏观需求。人才因为占有特殊生产要素，富于才智、精通专业，而且有能力接受新工作、新任务的挑战，拥有很大的职业选择权。人才出于对自身职业发展前景的强烈追求，流动意愿强，一旦现有工作没有足够的吸引力，或缺乏充分的个人成长机会和发展空间，他们会很容易地转向其他组织，寻求新的职业机会，流向能更好发挥自身潜能，实现自身人生价值的地方。因此，一方面，组织要加强人力资本投资，加大对人才发展环境的塑造和对人才的培训以及再教育投入，建立学习型、成长型的组织结构，提高人才吸引力、凝聚力，凝聚目标共识感，增强组织稳定性；另一方面，一定的流动性也是加快人才成长的重要方式。在区域创新网络中，人才的流动性与学习交流的频繁性，激活了资源，提高了知识技术转化的效率以及技术市场化过程中成功的可能性。因此，对人才的“跳”行为应在适度范围内给予鼓励与理解。

（三）时代性

人才概念明确规定，人才系统中的现实个人是具有时代差别的。也就是说人才是有时代性的，时代特点决定不能以固定不变的标准来衡量同类人才，要以发展的眼光判断和识别人才。例如，古代人才的特点是原始综合型的“通才”，他们掌握的知识和才能，尚未分出明显的专业领域，近代人才的特点是单科深入的“专才”，人才的特点则是现代综合型的“通才”。又如，由于科学文化在各个时代发展和传播的程度不同，古代人才以几百或几千计；近代人才以几万、几十万计；现代人才则以几百万、几千万计。再如，古代和近代人才的劳动特点是以个体劳动为主，现代人才的劳动则是逐步趋向于群体性的劳动或社会化的劳动。

（四）专业性

在人才的概念中，我们谈到个人在特定专业（行业）的实践和认识活动中表现出某种较强才能的人是为人才，又规定人才系统中的现实个人具有专业差别，这就确定了人才的专业性。尤其是现代科学出现了高度分化和高度综合的趋势，学科越分越细，越分越多，目前学科门类已达 2400 多门。虽然科学发展的高度综合化要求培养现代综合型的通才，但即使这样的通才也只可能主要精通一个或几个专业，再基本掌握若干有关专业（例如，治国之才需要掌握政治学、经济学、管理科学、决策科学等多种专业）。当然实际上，现有的大多数人才只能是主要精通一两个专业的专才。因而，人才有专业差别就是毫无疑问的了。例如有的人是运动健将、跳高冠军，可是如果你要他上舞台跳舞，他很可能不会。有的人是电影明星，擅长表演各种角色，但你叫他去给一个病人治病，他可能束手无策。诸如此类，不胜枚举。有专业差别是符合常规的。按照马克思主义的认识论观点，人才的才能只能来源于实践，特别是来源于特定专业（行业）领域的实践。经常从事某专业的实践和认识活动，就具有该专业的才能，不从事其他专业的实践和认识活动，就不具有其他专业的才能，这是浅显明白的道理。

（五）阶段性

人才在其发展的成长过程中是分阶段的。我们倾向于将这个成长过程分为五个阶段：幼儿阶段、求学阶段、突破阶段、成熟阶段、老年阶段。幼儿阶段的营养状况和教养状况对于一个人能否成才、成为哪方面的人才具有一定影响，应引起足够重视。当然，这个阶段仅仅是人才的萌芽阶段，一般说来多数人在这个阶段还不能称为人才。求学阶段（包括小学、中学、大学、研究生四个小阶段）是人才发展过程中打基础和准备创造的阶段。在现代社会，这个阶段对多数成才者来说都是起关键作用的阶段。它对于求学者能否成才，成哪个专业的人才，成哪个层次的人才都起着重大作用。有的人，完全没有经过四个求学阶段，连小学一年级也没有读过，完全靠自学成才，或在实际斗争实践中成为杰出之才，有的人虽然没有经过大学和研究生阶段而自学成才，但毕竟读过小学和中学，或者进过业余学校或函授学校，也有自己的求学阶段，只不过求学阶段短一些罢了。在求学阶段的后期，那些考核成果特别优秀者，可算人才了。例如全国大学入学统考（包括单科比赛）成绩优秀者，硕士研究生和博士研究生入学考试的优胜者。在求学阶段后期，有的人提前搞出了创造成果，也可算为某方面的人才。例如，有的人在中学或大学阶段就发表有影响的文艺作品，有科学价值的学术论文或学术著作或工程设计。突破阶段一般是指求学阶段结束后直到作出第一项被社会承认的重大创造这段时期。这个阶段，是人们集中一切精力和智慧进行创造的时期，是人们艰苦创业的时期，是人们屡遭挫折和失败，经历严峻考验的时期。这个阶段对于一个人能否成才、成哪个层次的人才起着决定作用。成熟阶段，一般是指人才作出第一次被社会承认的重大创造后，不断前进，继续作出创造的时期。这个阶段是每一个人才直接对社会进步作出贡献的时期，是人才的黄金时代。每个人才都要珍惜这段时间，抓紧这段时间，而且想法延长这段时间多作创造、多做贡献。老年阶段一般是指人才因年龄、健康、创造能力衰退等原因，创造性成果急剧减少乃至再也出不了创造性成果直至去世这样一个阶段，多数人才都会经历这个阶段。应注意的是，要力争延迟这个阶段的到来，或者在这个阶段转行做有益于社会的其他工作。在这个阶段，要特别提高警惕，保持晚节，不要误入歧途，不要做出压制最新科学创见、压制青年人才的蠢事。这个阶段创造能力衰退了，但革命意志和精神可以不衰退。

第二节　人才发展面临的挑战

毋庸置疑，我国人才工作已经取得了一系列重要进展。特别是随着"人才资源是第一资源"，"人人皆可成才"，"以人为本"等科学人才观的逐步确立，我国人才工作和人才发展取得了十分显著的成就，为我国经济社会的快速发展和社会事业的不断进步提供了不可或缺的人才基础和智力支持。

进入21世纪以来，我国人才队伍不断壮大，高层次人才、高技能人才所占比重不断提高，人才管理的体制机制、政策环境、法制环境等逐步得到改善，市场配置人才资源的重要作用正在逐步显现，但随着科学技术的发展和信息技术的广泛应用，新时代人才的发展面临新的挑战。从宏观层面看，主要包括：对人才观念的挑战；对人才素质建设的挑战，复合型人才更受欢迎；对人才配置的挑战，简单重复性工作将会由人工智能接手；对人才竞争的挑战，对人才的创新性要求变高；对人才机制的挑战。

一　来自国内国际环境氛围的挑战

知识经济、信息时代的到来，对人才的需求比以往任何时期都显得迫切，人才短缺的矛盾在国际、国内两个市场都是突出问题。在国内，主要表现在我国人才总量相对不足，现代化建设急需的高层次和复合型人才数量不足、分布不均，总量占比大大低于发达国家。人才的专业、年龄结构和产业、区域分布不够合理，东多西少，南多北少的人才分布格局已经严重影响区域经济发展和产业转型发展。与此同时，重使用、轻培养，重计划、轻落实，重形式、轻效果，重当前、轻长远，以及论资排辈的观念没有从根本上铲除，人才的质量观念仍未深入人心，人才的使用仍然不够灵活，“下”“上”渠道不畅，影响人才作用发挥的各种阻力依然存在。

从国际上看，人才的全球流动和争夺已经成为常态，美欧等发达国家凭借自己的科研优势和新产业业态成熟优势，加之丰厚聘用薪资、优惠政策吸引、社会资源整合支持等手段，从世界各地争夺人才，一场无硝烟的人才争夺战正愈演愈烈。中国作为教育大国和人才培养的基础国家，成为美国等西方发达国家人才争夺的主要目标，人才大量流失以及巨大的经济损失，对我国构成了严峻的挑战。抓住机遇，迎接挑战，走人才强国之路，才能快速、可持续地增强中国的综合国力和国际竞争力。

二 来自管理机制和管理能力方面的挑战

（一）人才政策体系建设相对滞后

在人才政策体系建设方面，尽管我国从改革开放初期即开始贯彻科技是第一生产力、人才是第一资源的思想，但在具体政策制定和落实方面，大多数地区仍然习惯于传统的选人用人模式，不拘一格选人才仍未成为一种普遍的风气。具体表现在：规范调整人才开发的政策文件还比较少；人才宏观调控政策的细分尚不足；政策调节的对象相对集中在紧缺领域，急功近利的思想普遍存在，长期性建设不足；政策的法制化进程还相对滞后，大量行之有效的经验做法和地方性人才政策，有待再梳理、整合、加工的基础上上升到更高的法律、法规层面，全局性的人才法律尚未制定。

（二）人才政策的稳定性不够

一方面我们看到全国各地对人才的重视，出台了相应的人才政策，但同时功利性的政策因为形势的千变万化，加上人才工作的复杂性，导致政策的前瞻性不够，难以保持其稳定性。要有效发挥政策的作用就要保持一定的稳定性，但由于缺乏有效的预见，致使人才政策变化太快，这显然不利于政策的有效实施，不利于充分发挥政策的指导作用。对此，要积极适应市场经济的需要，加强对市场的研究和人才需求的研究，政府从主导转向指导，从微观管理转向宏观管理，从事务管理转向政策法规管理，充分发挥用人单位的自主权，保持人才政策的稳定性，促进人才队伍的健康成长。

（三）人才管理机制不够完善

人才工作的活力取决于体制和机制。好的人才体制和机制，有利于促进各类人才的培养、评价、选拔、使用、流动、配置和激励，相反则阻碍甚至破坏人才的发展。加强人才管理体制和机制的规范化、法制化建设，为实施人才强国战略提供有力的制度保障，是我们在进行人才队伍建设时必须予以重视的问题之一。

加强人才队伍建设，首先要树立开放思维，坚持在实事求是的基础上大胆解放思想。要敢于创新人才工作机制，消除一切不利于人才成长、人才流动和人才使用的机制性障碍，建立起科学的人才评价机制。特别是要改革人才评价方式，完善人才评价标准，深化各类人才选拔任用制度改革，建立以公开、竞争、择优为导向，有利于优秀人才脱颖而出、充分施展才能的选拔任用机制；建立健全与社会主义市场经济体制相适应、与工作业绩紧密联系、鼓励人才创新创造的分配制度和激励机制。改革开放以来，中国在完善人才管理体制和机制方面取得了很大成效，但是科学的人才选拔任用机制和激励保障机制尚未完全建立起来。问题主要有以下几个方面：

1. 人才培养与社会需求相互脱节。人才教育培养与社会对人才的需求相互脱节，应用能力和创新能力匮乏，实践实施层面人才严重不足。过多关注学科理论体系的人才培养模式，不利于培养复合型人才和创新型、开拓型人才。同时，我们的职业技术教育培训、社区学习培训、专业技术人员继续教育培训和终身学习培训等过多学历化而不是实用化，脱离了社会实际需求。

2. 人才选拔、使用机制不健全。近年来，在党政领导干部的选拔任用方面，坚持扩大民主的基本方向，着力于建立科学规范的选拔任用制度，探索和改革取得了一定的成效。但就整个人才选任而言，与形成充满生机与活力、有利于优秀人才脱颖而出的选人用人机制的目标，还有相当大的差距。由于存在着区域、部门、行业、城乡等制度性障碍，中国人才不易遵循市场规律实现合理流动。在人才资源合理配置方面，虽然建立了人才市场体系，但市场机制配置人才的作用只对非国有单位起作用，对大多数国有单位尚未发挥作用。在人才市场管理方面，也存在市场法制化程度低、监管能力不强、宏观调控能力较弱等问题。

3. 人才激励、约束制度仍不完善。机关事业单位分配制度方面“官本位”和“大锅饭”的痕迹仍未消除，薪酬制度还没有完全体现岗位绩效、人才优先等分类管理的特点。鼓励人才最大限度发挥创造性方面，激励措施的针对性还不够强；在从一线、实干中选拔人才的导向还不够鲜明，各种门槛还比较多。此外，在人才的考核评价方面，缺乏一套科学规范的考核评价体系，因此导致考察失真失实的现象时有发生。

（四）人力市场配置机制不到位

中国人才资源的市场化配置虽然取得了较大成绩，但是从效果上看，内部优化配置力度仍然较弱，人才的自主流动仍占主要份额。人才市场的信息开放程度仍然不高，发掘性配置人才依然受到来自宏观、中观和微观等诸多层面的、有碍人才资源优化配置的体制障碍和观念障碍的影响。归结起来，中国人才市场存在的问题有如下几点。

1. 人才市场的市场化体系建设不完善。中国的人才市场虽然遍布各地，但主要由政府操办，而不是自我发展和独立运作，尽管随着网络信息的成熟，网上人才市场蓬勃发展，但在具体落实当中，仍然存在良莠不齐、鱼龙混杂的现象；人才市场的法制化程度不高，难以对市场运作进行权威的有效规范，政府对人才市场管理的效率和质量还有待提高；中国的人才市场的布局还不尽合理；等等。

2. 人才市场进出信息不够通畅。人才市场是一个十分特殊的市场，供求双方需要市场提供的是信息，市场的信息越丰富，对人才配置的作用就越大。然而，中国人才市场与用人单位和人才培训机构没有建立起经常、稳定的联系，特别是政府所属人才市场中介，不少地方行政色彩依然较浓，人才资源的配置效益不高。没有发挥人才市场信息枢纽的功能，各类从业人员素质也亟待优化。

3. 人才市场的服务功能不够健全。人才市场的整体信息化服务水平不高，特别是针对高层次人才特点的服务功能不强，大部分人才市场大同小异，业务特色不突出、不明显。人才市场的服务功能还不能很好满足各层次人才配置的需要。同时，由于人才市场的调控和信息存在大量盲区，加之缺乏行业自律和规范化管理，导致人才市场中介机构运行不规范、普遍缺乏权威性，在一定程度上阻碍了人才中介业务的发展。

（五）高层次人才队伍建设保障措施不够有力

高水平的专业人才是带动中国科技创新、管理创新和制度创新的中坚力量，也是提高中国人才队伍整体素质的重要依托。加强高层次专业技术人才队伍建设，对大力实施人才强国战略，不断提升中国核心竞争力和综合国力，促进中国人才队伍的整体建设，全面建设小康社会，开创有中国特色社会主义事业新局面具有重大意义。因此，高层次专业技术人才队伍建设得到了全党全社会的高度重视。为了加强高层次人才队伍建设，中国建立了院士制度、留学制度、博士后制度、政府特殊津贴制度、国家级有突出贡献中青年专家制度等高层次专业技术人才管理制度与培养选拔计划，初步建立了以中青年高层次专业技术人才为重点的培养选拔体系。但中国高层次人才队伍建设还面临许多不利因素。

一是对高层次人才成长规律的研究和把握不够，分类分级选拔培养高层次人才的工作机制亟待建立。已经建立的一些制度，存在对象重叠、力量分散、协调不够的问题。对此，国家和有关部门先后出台了一系列人才队伍建设的政策措施，从不同侧重和不同层面对人才进行了专项支持，如建立了有突出贡献专家、享受政府特殊津贴专家等选拔政策，支持地方根据实际建立相应的人才选拔支持体系，出台了专门针对特殊行业人才的引入政策等，所有这些，有力地推动了全国高层次人才队伍建设工作。但是从形成人才竞相迸发、人才全面聚集的局面来说，这些制度和措施还不够有力，其综合效应显现还有待实践检验。

二是系统科学的人才评价机制尚未形成。对此国家层面高度关注，先后出台了破“五唯”等政策措施，在绩效考核体系建设方面，也给予了用人单位更大的自主权。但在现实当中，还存在有的地方过分强调发表论文的数量，获得课题的数量等，急功近利，对于基础性研究等方面人才潜心研究、出高水平成果产生困扰。另外，人才的投入偏低，工作环境、生活环境等都有待于进一步改善。

三是官本位对高层次人才产生重要影响。学而优则仕的观念根深蒂固，这不仅影响在民间，也影响到政府机关的措施路数。对于取得优异成绩的科研专家，地方政府部门的做法通常是委以“官职”，这无形中占用了科研人员的科研时间，制约了中国科学大师的诞生。在科技界形成惯例的“封官”做法，使具有潜质的研究学者过早被“政务”和“事务”干扰或埋没了。科研领域的“官本位”心态，一定程度上反映了当今某些官员手中特权较多、社会地位较高的现实，同时也说明社会在尊重科研人员、建立有效的激励机制上，尚有很多有待改进之处。

（六）人才安全环境面临挑战

随着国家间人才竞争的激烈，人才安全问题日益引起关注。以信息技术为核心，以因特网为载体的新科技革命，使地球日益成为一个“村”，人才流动与交流越来越方便，愈演愈烈的人才争夺战也使人才流失的风险大幅度上升。在这种环境下，如果缺乏安全保密意识，将使国家、企业等利益主体遭受重大损失。加强人才安全及其风险防范，已成为各个国家和地区共同面临的世界性课题。因此，世界各国尤其是发达国家从保护自身利益和长远安全出发，从政策和实际管控层面纷纷制定了信息安全、科技安全、特别是人才安全的法律与制度保障体系。经过多年的改革与建设，中国人才安全环境有了一定的改善，而且在人才开发的各个层面采取一系列的人才激励措施以降低人才流失的风险。但是，同国外人才安全机制相比，中国人才安全机制还处在初步建构的过程中。中美之间关系的恶化，频繁发生中国留美人才被扣事件说明我们在人才安全保护方面工作还不到位。在人才流失风险加大的环境下，需要我们高度重视保护国家重要人才，通过立法维护国家重要人才安全；必要情况下需要通过制定政策法规，提高重要人才待遇，保障重要人才权益，规范重要人才流动，探索建立和完善国家重要人才的信息档案，实施动态管理。

第三节 自我管理与人才发展关系的具体表现

自我管理与人才的发展之间存在必然的联系。这种联系既有显性的，也有隐性的，归纳起来，主要有以下几个方面。

一 自我管理为人才发展提供内生动力

自我管理本身就是个体主体意识确立、培养、觉醒和反思批判的过程。在这一过程中，随着主体自我认知、自我责任感、社会责任感的增强，将不断激发人为解决个体发展和社会发展的难题、人解决事关集体福祉的问题、继而实现自身价值、达到自我独立人格的表达，最终达到个人摆脱人的依赖关系和物的依赖关系的束缚，实现自由全面发展的动力。自我管理对于主体性、人文性的开发和提升，使人的自由意志和价值选择得到不断强化，通过情商的管理和外在环境的塑造，更加有利于彰显人的发展在整个经济社会发展中的作用。

一是通过人才自我认知的提高，自律性的提升，增强人才自我发展的积极性和自信心，从而为人才发展发出积极有力的信号。

二是自我管理过程中更加完美的自我加压、自我拓变、自我成长能力成为人才发展的主要动力，理想和信念激发人才前进动力，增强人才把握人生方向的能力。使人才的精神追求、生活态度、自身行为和实现自己理想的过程有机地结合到了一起。

三是人才的发展建立在更为坚实的意志基础之上而不是物质的满足，精神的追求所释放的源源不断的动力，促使人才保持对生活与职业的热爱之情，从而焕发出前所未有的正能量。中华人民共和国成立伊始，钱学森、郭永怀等一大批科学家放弃国外优越的条件回国参与各项建设事业，这正是自我管理提升促使个人将人生目标格局放大到历史的坐标方位的重要内因。

四是自我管理过程中不断锻造形成的钢铁般的意志和情绪控制的能力，使得人才能够不断地战胜自己、超越自己，摆脱低级趣味，远离庸俗、浮躁、嫉妒及种种恶习和不良习惯，最大限度释放理性，克服各种外在的诱惑，达到自我实现的更高人生境界。

五是自我管理对人的情绪的控制，能够更好激发人才的客体体验，对人的分析力、判断力、自制力、应变力以及思维方式、行为方式都产生影响，从而直接或间接地影响到人才作用的发挥，避免焦虑等因素的影响。

六是自我管理能够促使人才更好感受、理解和分析他人的情感，更容易协调人际关系，便于他人悦纳自我，进而促进事业的成功，在相互理解、相互尊重中建构优良的人际关系，从而为自我发展创造更加良好的外部环境，确保目标的实现。作为一种特殊的群体，人才有其自身的特点，如他们拥有知识资本和技能，在组织中具有很强的工作独立性和自主性；他们从事的是创造性的工作，是在复杂系统和局面下发挥个人智慧的知识性工作；他们的需求有高层次性和多样性，他们的主要追求是自我目标的实现，他们追求的是职业理想和心中价值选择所向。由于人才有其自身的独特性，因此，面对人才的管理，自我管理的效用将是其他管理不可替代的。

二 管理者自我管理能力的提升为人才发展提供更加优质服务

管理实践反复证明，作为被管理者的人从来都不是消极地接受管理的作用的，而管理者自身管理素质也不是与生俱来的，需要在不断的管理实践中进行提升。从某种意义上讲，管理者管理能力提升不仅需要提升而且要走在组织任务实施之前，唯此才能掌握管理的主动权，为人才发展提供更加优质的服务。这当中最为关键是理念的更新。由于作为被管理者的人具有情感和意志，具有自己的特殊需要和利益，具有自己对事情、对问题的看法和理解，被管理者总是有选择地接受来自管理者的信息。管理活动不是管理者对作为被管理者的人单方面的作用，而是管理者和被管理者相互作用的过程。管理者通过提升自我管理能力，通过“移情”思维意识、强化换位思考，从被管理者角度考虑问题，能够更好地使人开放自己的心灵及放松自己的精神，从而达到良性互动。

三 组织自我管理能力的提升为人才发展提供更为有力的保障

人与组织相互依存，一个充满活力、凝聚力、战斗力的组织，能够激发组织中人才的活力和创新力，为人才发展创造更多的展示机会。当人与组织之间不能很好地相互适应时，则会使双方均受到损害；当人与组织之间能够很好地适应时，则会使双方都获益。组织的自我管理本身也是组织得以存在的基础，而自我管理也是组织变革的应然要求。自我管理能力对组织中的每一个人来说都是关键能力。现今的组织文化倡导员工自我管理，员工自己对其前途未来负责，员工自己对其个人发展进行规划，而组织文化的建设，则为组织的自我管理提供了基础。

阿吉里斯在《个性与组织》[①] 一书中指出，作为健康的有机体，组织中的个体在人的个性方面，如同婴儿成长为大人一样，不可避免地要经历从不成熟到成熟的发展过程。然而，凡是正式组织都会阻碍个性的成熟。正式组织遵循的专业化、等级链、统一指挥等原则，是阻碍员工个性健康发展的根源。首先，尽管专业化可以提高组织和管理的效率，但专业化以消除个性差异为前提。而这意味着人为中断个性发展过程，扼杀自我实现的要求。况且，过细的专业化分工会使个人能力畸形化和简单化。其次，命令链原则会剥夺员工的自主权，限制员工的知情权。没有自主权，员工就会形成依赖，被动和从属心理；而没有知情权，员工就没有长远打算，也会丧失自主权、所有这些都会使员工保持在不成熟状态。再次，统一指挥使员工的个性发展由自治变为他治。员工的奋斗目标不是自己设定的，而是由组织为其安排的。还有，控制幅度原则把下属人数控制在最小范围内，会使底层员工的支配权越来越小，眼光越来越短浅。为了在健康的组织中培养出健康的个人，以及协调组织和个人的关系，组织管理者应该运用以下办法：使员工的工作扩大化和丰富化，用从事多种工作或加大工作难度的方法扩大员工的技术领域与知识面；实行参与式的以员工为中心的领导方式；加重员工的责任，激发责任心和创造性；更多依靠员工自我指挥和自我控制等。可见在人与组织之间的关系问题上，由对抗走向合作，由控制走向自由，是组织文化演进和管理变革的趋势。

---

① ［美］克里斯·阿吉里斯：《个性与组织》，郭旭力等译，中国人民大学出版社 2007 年版，第 58—78 页。

组织自我管理的提升，有利于学习型组织文化的建设，为组织成员特别是人才提供更好的发展保障。一是自我管理型组织可提供有人文气息的思潮，它还应是由科学的操作流程和完备的规范所组成的制度体系，他鼓励人才的自我超越，用创造的观点、创新的思维来面对自己的生活与生命。二是自我管理型组织可以改善心智模式。心智模式是影响人们了解世界和采取行动的假设，成见或印象。检视和改善心智模式有助于改善人们心中对于周遭世界的既有认知，并以开放的心灵容纳别人的想法。三是建立共同愿景，为人才的发展，提供焦点和能量。缺少愿景的学习充其量只是适应型学习，只有当人们致力于实现某种愿景时才会产生创造型学习。愿景孕育无限创造力，具有强大驱动力。自我管理型组织所创设的学习型组织文化，将通过个人层面的自我超越、自我反思以及组织层面的愿景建立、团体学习和系统思考，构建个人与组织的命运共同体，从而使员工为本组织目标的实现和个人发展，提供可靠的思想基础和组织保障。

另外，组织自我管理的提升还有利于社会组织的兴起和健康发展，有利于社会的培育和成熟。一般来说，社会组织是服务性的非政府组织和非营利性组织，其建立的基础是公民自我管理意识的培育和社会责任感的养成。由于社会组织是非政府组织，故而其运行不靠权力和强制力来保障实施，而要靠组织员工的自我管理来进行。由于社会组织是非营利性组织，故而其追求的终极目标不是赚钱，而是个人通过自我管理而获得自我实现需要的满足。

四　社会自我管理水平的提升为人才的发展创造更为优异的环境

第一，社会自我管理水平的提升，有助于社会的秩序化、规则化，有利于维护社会公正。自我管理通过对个体道德提升，达到或促进社会集体道德的提升，从而使社会潜在的软约束力增强，推动社会管理越来越秩序化、公正化，而这正是人才重要的期望和需求。

第二，社会自我管理的水平的提升促使社会管理的变革。良好的个人自我管理会挤压社会管理的“生存空间”，使社会管理变得（在主观上感觉）可有可无或其存在的合法性受到挑战，进而促使社会管理的职能发生重大调整：由控制变为服务。相应地，社会管理机构的正式人员会发生缩编，更多的社会管理职责由非政府组织的社会人员来承担，这样一来无疑会使社会管理成本逐步减少。

第三，社会自我管理的水平提升促使社会公共物品和服务质量的提升。任何组织生产的产品和提供的服务都具有社会性，质量是面向社会的质量，服务是面向社会的服务。而组织要想提高产品质量和提升服务水平，离不开员工的自我管理和自我实现。一方面，员工在工作时感到心情愉悦、对工作技能感到自豪是提升产品和服务质量的前提。质量运动先驱爱德华·戴明认为，质量运动需要将责任下放给按照团队组织起来的员工。研究表明，当质量成为员工的责任和自我管理的成果时，员工对于质量的关心被内化了，质量和生产率都将获得大幅提升。另一方面，顾客服务正日益被定义为顾客伙伴关系。在伙伴关系中，当事人双方是彼此能随时保持联系、可以相互信任的关系。因此，为了使顾客有一种真正的伙伴关系的感觉，按照等级、官僚、独裁原则进行管理的组织难以胜任，必须借助员工自我管理来营造和构建这种关系。

五 自我管理的提升、人才的发展为社会的进步和发展注入更加强劲动力

“功以才成，业由才广。”人才是创新的第一资源。没有人才优势，就不可能有创新优势、科技优势、产业优势。培养集聚人才，要有识才的眼光、用才的胆识、容才的雅量、聚才的良方，健全集聚人才、发挥人才作用的体制机制，创造人尽其才的政策环境。要发挥好现有人才作用，同时揽四方之才，择天下英才而用之。要加强科研院所和高等院校创新条件建设，完善知识产权运用和保护机制，激发科研人员创新活力，让各类人才的创新智慧竞相迸发。

第一，倡导并强化人才的自我管理，是促进人的全面发展、实现中国梦的有效途径。党的十八大以来，习近平总书记在讲话中多次讲到个人发展与国家、民族发展的关心，“中国梦是国家梦、民族梦、也是每一个中国人的梦……13 亿个鲜活生动的个人梦想百川归海汇成中国梦。中国梦的广阔舞台，为个人梦想提供了蓬勃生长的空间；每个人向着梦

想的不断努力，又都是实现中华民族伟大复兴的中国梦的重要力量”①。由此看出，促进人的全面发展，实现个人的自我梦想，进而实现中华民族伟大复兴的中国梦，离不开人的自我管理。自我管理是实现上述目标的重要渠道，是必不可少的重要条件之一，并具有不可替代的作用。

第二，倡导并强化人才的自我管理，是践行社会主义核心价值观的内在要求。其根本目的在于促使全民族思想道德素质、科学文化素质和民主法制观念的提高。习近平总书记指出：“核心价值观，承载着一个民族、一个国家的精神追求，体现着一个社会主评判是非曲直的价值标准。……使每个人都能感知他、领悟他，内化为精神追求，外化为实际行动，做到明大德、守公德、严私德。”把践行社会主义核心价值观同提高国民素质联系起来，深刻阐明了文化建设的实质就是要全面提高人的素质；而在人们提高自身素质的过程中，自我管理是切实可行的有效方法之一，是必不可少的重要环节。

第三，倡导并强化人才的自我管理，是构建和谐社会的重要内容。和谐社会的基础是造就以亿计的有文化、有道德、有理想、遵纪守法的公民，从而成为和谐社会、对社会有益的人；而倡导并强化人才的自我管理，将促使广大公民不断增强自我管理意识，积极培养自我管理能力，这是构建和谐社会的题中应有之义。

---

① 习近平：《在第十二届全国人民代表大会第一次会议上的讲话》，《人民日报》2013年3月18日。

第五章　基于自我管理的人才发展的四维架构

一定形式的感性活动既是人存在与发展的基本方式，也是人在现实存在中获得发展的一条捷径。只有在具体的感性的实践活动中，人的存在的社会关系才能变成现实的、规约人的本质生成的力量。这种力量，只有在人具体感性的实践活动过程中，才能和人自身的主体力量发生关联，从而凝聚成人才发展的现实推动力。也只有在现实的感性的实践活动中，人的主客观力量才能够实现彼此互动而促使人生成新的内在品质，人才发展也才能够有可能转变为现实状态。

由于人的实践与活动关系的集成，人的存在与发展的基本社会关系才能够得到有效的集合，并由此而形成推动人才发展的直接现实驱动力。在人感性的实践与活动对人的存在与发展的社会关系的现实集合中，一定形式的现实的实践与活动关系的形成，则成为社会关系促进人才发展机制生产的基础。只有在这一基础上，才有可能生成具体的社会关系与人才发展的互动机制系统，理想与目标关系的生成，成为促进人才发展的导向机制；竞争与合作关系的生成，成为促进人才发展中的主要动力机制；信息与虚拟关系的形成，成为促进人才发展的选择机制；道德与法纪关系的生成，成为规范人的存在与发展的主要保障机制。

实践活动是人的存在和社会关系的载体，人通过各种形式的实践活动，实现了对自身主体力量的表达和与客观环境因素的表征；与此同时，实践与活动关系的建立及其发展，也为人新的社会关系生成与发展奠定了基础，不仅为体现和表征出人的本质力量及其特殊性，而且构成了人存在的基本标志。由此可见，人存在的实践与活动关系的结成及其发展，是决定人现实社会关系的生成并由此形成促进人才发展机制的基础。

第一节　个人层面：能力提升与自我回馈

一　增强自我管理能力是人才发展的基础

人的自我管理反映了人的自觉意识和行为控制能力，反映了作为理性人的成熟与发展。自我管理意识是人在成长中逐步培养起来的，也随着人的实践阅历的增长而不断强化。

周霞认为①，个人自我管理的直接动力来源于内心的自我控制和行为自律的需要，并具有明确的目的性和计划性。随着社会的不断发展和新生事物的不断出现，个人的能力和水平无论多么高，总是有限的，总需要提高，认识到这一点，并使个人能力和水平不断提高以适应社会发展的过程，其实就是自我管理的过程。所以，正确认识自己，客观全面地剖析自己，清醒地了解自己，才能在自我管理中不断成长。自我管理的目的就是通过自身规约、慎独慎行、提升修养、砥砺品性、强化素质、实现价值。有正确的指导思想，才能有自我管理的自觉性，无论外界条件如何，内因会促使他律与自律的有机统一，自觉自然的在自我管理中升华。无论什么事，如果放弃进取，就意味着放弃成功，尤其是人才，能做出成绩的机遇很多，如果小进即安，取得一点成绩就沾沾自喜、自我欣赏，可能会失去发展的动力和紧迫感，逐渐远离进取，远离成功目标。为改变这种可能发生的局面，个人必须根据一定的价值规范和评价标准对自己的需要进行管理，以使其有益于人的生存和发展。

1. 对不合理的需要加以削弱、制止和排除，坚决不让其驱动自己去从事那些违反道德和法律的事情。人的合理和理性的需要是有益于人的生存和发展的，而不合理的、有害的、病态的需要不仅与人的发展无益，而且会给人的发展带来严重损害。如果把不良需要作为人行动的尺度，必然会给自己和他人带来不利的影响甚至造成极大的危害。

① 周霞：《重视学生自我管理能力的培养》，《辽宁教育》2001 年第 Z1 期。

2. 对合理需要进行总体性协调。人的需要具有个人维度、社会维度和精神维度等多重要素。对人的总体性需要进行协调是自我管理的重要内容和目标。离开对需要的自我认知、自我组织和自我调节，人就会成为外部环境和自己内部纯主观动机的奴隶。

3. 对合理需要进行自我约束和引导，而不能任其自发膨胀。凡事有度，合理的需要如果超出必要的限度，也会转化为不合理需要。对需要进行自我约束和自我控制并非搞禁欲主义，而是为了使需要保持适度和合理。需要能否成为促进人自我完善和自我发展的正能量，而不充当自我毁灭的祸根，关键看人能否对它进行自觉调控和有效掌控。

需要的培养和调节并非一劳永逸的事情，而是一个长期而复杂的、与人相伴始终的过程。随着逐步成长和发展，人所面对的主客观世界都会发生巨大变化，这种情势要求人必须对自己的需要进行调节：使自己的需要同生产力状况、社会发展水平相适应，使需要的满足能促进自己的自由全面发展。总之，自我管理问题在一定意义上也就是人之需要的合理性问题。自我管理的重要内容和目标之一，就是让合理的需要转化为人活动的内在动力和尺度，让不合理的需要在驱使人活动之前就被过滤掉或抑制住。

二　基于自我管理的人才发展需要知行统一

自我管理不是仅停留在口头上的理论，而是实实在在的行为举止。只行不知容易盲目，而只知不行则毫无效果。只有注意既要在知上用力，善于从自己的一言一行中去体验、去品味，又要在行上下功夫。控制和约束自己的言行举止，才能让知与行成为辩证统一体，才能开花结果，得到成熟果实，促进知与行的良性循环，从而使自身成为管理的主体。

作为管理主体，人除了要懂得管理知识和技术以及个人状况这些客观对象外，还要熟悉自己所处的社会和组织环境，善于将自己所属的社会团体和企业组织中的各种特征内化为自身所要追求的目的，才能使自己的行为符合社会和组织发展的规范、原则和理想，实现有意识的自我组织、自我监督等。因此，能否有效地实现自我管理，受制于实施自我管理职能的环境特征，还取决于个性和自我意识对环境的适应。在这一过程中，个人需要不断学习、分析和评价自己的行为表现，并将自己的行为表现和结果与社会规范、与个人的理想信念、组织目标要求等相对照，从而在自我评价和反省的基础上，调整修正和管理自己的行为方式，从中找到一个既合乎社会和组织发展又有利于自身发展的途径和平衡点。因而，自我管理的主体意识能使主体人规范和修正自己的思想和行为，进行自我管理决策，从而实现人本意义上的自我管理。

三　培育良好的行为习惯和道德情操与人才发展密切相关

自我管理也是人的生活和工作中养成的行为习惯，对于如何养成自我管理的行为习惯，周士渊先生在《自我管理是成功人生的基础》一书中阐述了他自己在养成自我管理好习惯方面的经验。他写道："好习惯的养成是一辈子的财富，我今年将近60岁了，当我知道习惯的价值以后，培养了一些好的习惯，结果给我的人生各方面都带来了巨大的变化，甚至是奇迹般的变化，一个好习惯的养成，将是我们终生的财富。"

道德素质的修养体现出人的品德即德性，它是指处在一定社会关系网络中的社会主体，通过社会实践活动体验并领悟到的做人之道和构建起的处理人与人、人与自然、人与社会以及人与自己的利益关系的稳定倾向。一个人品德健康就能辨别真伪、善恶、荣辱、美丑等是非观念，就能把握正确的道德判断标准，按社会公认的行为准则来约束和支配自己的思维和行为。人的德性的生成和演进，依赖于人们维护与协调自己所处人际关系的理性自觉，德性规范和德性价值是通过人们对社会发展客观要求的认识所形成的。德性作为人们内化的处世原则，潜移默化规范和约束人们行为，进行自我管理。德性行为在很大程度上取决于德性主体对德性规范的认同和精神上的自我肯定，不依赖于法制惩罚和制裁，是一种软性而又隐性自我管理。

四　基于自我管理的人才发展需要加强五项基本管理

郭海龙在著作《自我管理理论之道与实践之用》一书中将加强自我管理的五项基本内容划分为时间管理、成果管理、特长管理、要事管理、决策管理，这一基于目控标制原则做出的界定，对于我们探究人才的自我管理具有很大的借鉴意义。在此，依据郭海龙的研究思路，对基于自我管理的人才的发展需要加强的五项基本管理内容分析如下。

（一）效能管理

效能管理首要体现是时间管理，有效的管理者特别是人才知道他们的时间用在什么地方，他们所能控制的时间非常有限，他们会有系统地工作，来善用这有限的时间。时间是世上最稀有也最特殊的资源，时间稍纵即逝，一去不复返。时间的供给丝毫没有弹性，时间的供需没有价格可资调节，也无法绘制边际效用曲线。

对于人才而言，其工作的价值性、创造性、创新型决定了他必须与他人进行有效沟通，才能获得他人对自己的贡献的期许，才能使自己的工作具有有效性。“由于知识工作不能用衡量体力工作的方法来衡量，因此我们实在没法用三言两语说明知识工作者是否在做该做的工作，是否做得出色。……知识工作者只能自己制定工作方向，所以他必须了解别人期望他作出的贡献是什么，原因是什么，对必须使用其知识成果的人的工作情况，他也要有足够多的了解。因此，知识工作者需要资料，需要讨论，还需要指导他人，这都是极为费时的。而且，他不但需要占用他上级的时间，也同样需要占用他周围同事的时间。”① 另外，“知识工作者要想取得成果和绩效，就必须着眼于整个组织的成果和绩效。换句话说，他还得匀出时间来，将目光由自己的工作转到成果上；由他的专业转到外部世界，因为只有外部世界才有绩效可言”②。

（二）目标管理

人才的工作并非为工作而工作，而是为所追求的目标而工作。对人

---

① ［美］彼得·德鲁克：《卓有成效的管理者》，许是祥译，机械工业出版社 2005 年版，第 15 页。

② 同上。

才来说，尤其重视对社会和人类的贡献。与目标密切相关的成果的取得，才能使他的工作真正有所贡献。因此，人才会考虑自己的技能、专长、作用，以及所属的单位与整个组织及组织目标的关系。人才从事的更多是知识工作而不是生产实物，他提供的是构想、信息和观念。在进行有效的管理中，管理者要有足够的耐心，更多从成果管理的角度与人才达成共识，而非不断地进行过程打扰。人才在目标成果上通常会有自我的判断和掌握，这使得他们为了成果的实现，按照自己认为科学的方式进行有效的工作，会根据服务成果的需要来安排相应任务，推进相应的工作进程，作出相应的人员分工，也只有这样才能科学进行方案的实施。人才自我管理能力的强弱将会影响到成果产出的效率，因此需要提升成果导向意识，作为自我管理的一种重要理念。

（三）团队管理

管理者的任务，就是要充分运用每一个人的长处，共同完成任务。有效的管理者知道他们之所以用人，是用人来做事，而不是用人来投其所好。人才的任务就是要发挥自己的特长，有效激发个体和团体的创造活力，将个人的特长汇聚成团体的特长，从而赢得管理的绩效。只抓住别人的缺点和短处进行苛责与处理，是于事无补的，为实现目标，必须懂得用人所长。要加强正向引导，抑制不利影响的扩大，将更多思考投入到团队成员特长的发掘和聚合上，以及自我特长的凝练上。要客观进行看待和总结特长优势，没有各方面都完美无缺的人，都是在某方面有所长的人。

从管理的角度，要进行特长管理，首先要善于发现人的特长，要以一个人能做些什么事为判断基础进行择人，将有才能的人聚集起来，将人才的才能整合起来。其次在使用过程中，用人之长，克服其短。要重视一个人的长处，也就是要对他的工作绩效提出要求，不能对不称职采取宽容态度，真正有效的管理者，总是先发掘一个人最擅长做些什么，再来严格要求他做些什么。

（四）任务管理

面对诸多任务，人才要想精确实现最高目标和最大成果，必须加强要事管理，集中精力于关键领域。而要想集中精力，全神贯注于某项工作，作为管理者首先要具备综合分析研判而后确定任务的轻重缓急进而分配任务的能力，敢于决定任务顺序和关键把握之点。根据郭海龙的观点，要事管理是自我管理的基本内容之一。在他看来，有效的管理者他们知道："要事第一。重要的事先做，不重要的事暂缓施行，除此之外也没有其他办法，否则反倒会一事无成。……要事管理要考虑做事的先后顺序。这里需要注意的是，不能按压力来决定优先顺序。因为按压力来决定做事的先后顺序，必将牺牲许多重大的要务。道理很简单，人们往往会认为面向明天的事不是急事，而面向过去的事才是有压力的急事。事实上，正确的做法是：急事不急做，缓事不缓做。常用的确定做事优先顺序的原则是：重未来而不重过去；重视机会而不能只看到困难；选择自己的方向而不是盲从；目标高远有新意而不能只求安全和方便。"①

（五）自我身心管理

在现代社会，各种纷繁复杂的任务和压力之下，如何实现良好的自我身心管理非常重要。对人才的发展来说，组织需要给人才提供必要和充足的调适时间与机会，同时还须人才本人做好自我和团队的身心健康管理，这一点尤为重要。合理的作息安排、饮食安排，运动健康训练、愉悦的心情等对于人才的发展都十分关键。做好身心健康管理，一是要克制过多的欲望追求，倾注于要事，关注主要目标；二是要杜绝不良的生活习惯和工作习惯，以持之以恒的坚持代替过度的加班加点；三是要注重工作节奏的把握。在此基础之上，和谐的家庭环境、邻里关系、同事关系等也是重要因素。在这些问题的处理过程中，一方面人才自身提升，另一方面社会尊重人才、尊重知识的文化氛围建设需要予以重视，以其良好的社会心理环境帮助人才进行健康的身心管理。

第二节　社会层面：要素融入与价值实现

人的本质的社会性以及人的存在与社会关系的统一性，决定了社会

---

① 郭海龙：《自我管理理论之道与实践之用》，北京大学出版社 2015 年版，第 28、267 页。

关系的发展对人的发展具有重要的功能性规约作用。无论是人类由猿到人的转变，还是人类在自身的发展过程中由原始人向传统人的转变，由传统人向人才的转变，无不是以形态的转变作为前提条件的。或者说，人类的发展由原始人向传统人的转变、由传统人向人才的转变的实现，是伴随着原始社会关系形态向传统社会关系形态的转变、传统社会关系形态向现代社会关系形态的转变而实现的。倘若没有新的社会关系形式的生成与发展和新的社会关系形态的确立，那么，也就不可能有人类整体性的进步与发展。

人类社会现代化的发生及其向全球的蔓延与扩张，是人类社会发展真正进入巨大变革的开始。这一巨大变革的动力，源自于人类自身的解放和人的本质力量在新的历史条件下的发展与表达，其主要表征在于科学技术的进步。现代生产方式的诞生、现代社会关系的生成及其相应形态的逐渐形成与建立，所有这一切变化，都从根本上改变了人类生存与发展的社会基础与社会方式。基于现代生产方式和现代交往手段而生成的现代社会关系形态，不仅有力地促进了人类个体从自然性群体依赖关系中的解放，而且为个体自由、自主与独立的存在与发展创造了前所未有的社会基础和广阔的空间。尤其是现代通信技术的发展对人类实践与交往时空限制的突破，更使人类的存在与发展获得了空前的自由度。正是在这一意义上，社会现代化的发展与现代社会关系形态的确立，无疑将人类自身的现实存在与发展推进到一个新的境界。现代社会关系作为人类自身的创造和社会现代化的产物，既是人才在现实的生存与发展中生命本质力量表达的基本形式，也是规约、促进人才新的本质力量生成与发展的重要社会文化条件，对人才现实的存在与发展具有重要意义。从现代社会关系生成及其发展所具有的性质、特征来看，现代社会关系对人才的存在及其发展所具有的规约价值或者作用，主要表现为对人才独立自主自由多样发展条件的创造及其推动等两个方面。当然，人的独立自主与自由多样发展之间存在密切联系。独立自主是自由多样化发展的前提与基础，自由多样化的发展则是人的独立与自主的重要体现。人只有在获得独立性、自主性的条件下才有可能实现自由多样化发展；而人的自由与多样化的发展，则是人的独立与自主生存的结果和重要表现。

现代社会关系的生成及其发展，对人才的存在与发展所具有的约束作用具体体现在以下四个方面：第一，现代社会关系的生成与发展，不仅促进了个体的解放，而且为个体独立与自主生存与发展创造了现实的环境与条件；第二，现代社会关系发展的开放性、多元性、丰富性的特征，对促进个体自由多样化的发展创造了充分的社会规约条件，有利于促进人自由而全面的发展；第三，现代交往技术的诞生及其迅速发展，完全打破了人类实践交往的时空制约性，为人才自由的个性发展开辟了广阔的空间与前景；第四，现代社会关系的多元化发展，为人才发展提供了可能。

人才的发展为社会发展提供了强大动力。社会政治经济文化的发展，物质财富和精神财富的创造，人民生活水平的提高，从根本上讲，都离不开人才的贡献，与人才的发展息息相关。全面发展的人，会为社会创造出更多的物质财富和文化财富，人越全面发展，人的素质越高，社会的物质文化财富就会创造得越多，人民的生活就越能得到改善。人才发展既是社会发展的一个重要组成部分，也是社会发展的最终目标。一切实践活动的最终价值取向是实现人的全面发展。社会发展如果不能最终体现在人才发展上，那无疑是一种片面的、扭曲的发展。这就要求我们要坚持以人为本，尊重人、理解人、关心人，真正从人的需要和发展的角度出发，考量社会发展的意义，把满足人的全面需求和促进人的全面发展作为经济、社会发展的根本出发点和落脚点。

第三节　组织层面：机制保障与目标指引

人才发展策略是各国经济、社会发展规划中的重要组成部分，国家经济社会发展规划同时也需要人才发展的支撑。站在国家宏观层面的高度上，从国家产业升级的要求出发，对人才发展进行思考和行动，构建人才发展策略，是关系到国家经济、社会、文化发展的关键问题。在确定人才发展原则的基础上，必须充分考虑中国现有的政治、经济、社会、文化和教育基础等因素，特别是不同地区、不同民族心理等方面的差异，设计科学合理的人才发展路径，保障一国人才的持续有效开发，促进中国产业经济健康发展。根据全球价值链分工条件下中国产业升级的方向，迫切要求中国人才在产业分布、数量状况和质量结构方面满足一定要求，而为了实现这一目标，人才发展策略应当着重从以下几个角度入手。

一　构建完备的教育培训体系

在制约国家经济发展的自然资源、物质资源和人才这三大战略资源中，只有人才具有较强的可开发性。教育作为人才发展体系的核心基础，决定着人才发展的有效性和科学性。人才发展应该通过建立完备的教育体系，形成全方位、多层次的人才发展。多年来，中国对教育体系进行了一系列的改革，包括开展对外交流、改革学制、引进西方的教育经验和积极推动民办教育等措施，在一定程度上建立形成了人才发展的基本体系。然而，要实现人才发展数量和结构方面的宏观目标，促进产业升级，需要形成相互配合、个性突出、总体协调的教育体系，这正应成为人才发展的重要方向。根据中国产业升级对人才的要求，设计特定的政府人力开发政策，从而促进人才发展和利用，是从社会层面考量人才政策的出发点。良好的国家教育体系将给人才发展奠定坚实的基础。在知识经济背景下，为促进中国产业升级，提升中国在全球化价值链分工中的地位，必须构建完整的国家教育体系。人才发展要以建立全方位、多层次的教育体系为基础，形成基础义务教育、职业技能教育和普通高等教育相结合的整体系统。基础义务教育是人才发展的起点，保障人才发展机会的均等性，特别要保证城乡基础义务教育机会和质量水平的一致性；职业技术教育是专业人才发展的关键，直接对市场需求进行各层次专业技术人才发展；普通高等教育是以培养高级人才为目标，集教学、科研和社会服务三项功能于一身的高等教育，在提高人才素质方面具有举足轻重的作用，是人才发展的重要构成部分。在人才的流通方面，通过人才市场实现用人单位和劳动人员的双向选择，促进教育与市场之间的联系，实现教育体系面向市场深化改革，这些正是人才发展的基础工作。

二 促进人才发展理念转变

人才是第一资源，是促进国家、地区经济社会发展的主要资源，也是未来经济社会快速、持续健康发展的动力。只有真正从理念上认识到人才在国家发展中的重要地位，并在行动中予以落实，才能从根本上贯彻以人为本的经济发展理念，促进人才发展的实施。

中国正面临产业结构挑战、转型发展，吸引人才、聚集人才、开发人才对于改进中国人才的数量和质量结构，促进中国产业升级，提升中国产业在全球价值链分工中的地位以及建设创新型国家，都具有十分重要的价值。国家的发展最终依赖一国人才，人才具备很强的可开放性特征，人才成为经济增长永不枯竭的动力之源。只有认识到这点，切实转变理念，才能真正落实科学发展观，促进人才发展工作的进步。人才与自然之间的关系，随着整个社会经济技术的发展而不断演变，经历了从了解、利用、征服、改造最后又回归到人与自然和谐相处的曲折历程。人才发展推进过程中需要注意以下几个方面的理念转变：第一，树立人才是第一资源的观念，理顺物质资源与人才资源之间的关系。转变传统“重物轻人”的错误思想，下大力气鼓励人才发展。人才的有效开发是物质资源开发的前提，只有注重人才发展，建立起科学合理的人才数量与结构，才能有效开发物质资源，促进国家经济发展。只有培养了各产业发展急需的各层次人才，才能从根本上促进中国产业升级，促进国家经济健康持续发展。人才发展对于经济发展的推动作用远远超过对于物质资源的开发，因此优先开发一国人才，对于国家经济发展和产业升级具有更强大的推动作用。

三 改革创新人才使用政策

人才使用是促进并体现人才发展效用的重要环节。有效的人才使用机制，能够激发人才潜能的充分发挥。因此，促进人才使用机制的完善，是实现人才发展效率性的重要基础。有资料显示，中国东部地区人才资源对经济社会贡献效益系数远远高于西部地区人才资源对经济社会贡献的效益系数，分析其中原因除了客观地理环境因素之外，改革创新人才使用政策非常关键。人才引进或培养之后，使用机制是促进人才持续发展的核心工作。从社会层面上来说，改革创新人才使用政策，首先要将人才的需求和人才保障体系建设充分纳入到人才使用过程当中，塑造关爱人才成长的文化心理氛围，建立合理的人才服务绿色通道，合理确定人才的任务目标，改善人才的使用效率，有助于人才发展和人才的有效开发。

四　构建人才发展评估机制

人才发展工作的顺利推进离不开对人才发展的有效评估。由于人才发展是一个庞大的宏观体系，因此，对人才发展进行全面评估时，其标准可能存在各种差异，尚无法建立一个成熟的人才发展评估机制。人才发展的这种评估机制，涉及国家、组织和个人多个层次多个部门，不仅包括人才发展的经济投入产出效益评估，还应该评估人才发展的社会效益，也就是人才发展对社会经济的实际效益。人才发展在经济方面的效益，不仅表现为产业发展绝对数量的增加，更重要的是反映在国家经济产业结构的升级上，对经济发展的整体效益具有的联动效应。人才发展在社会效益方面的表现更为多样化，对人才发展的社会效应评价，可以更为全面而客观地反映人才发展对整个国家发展的推动作用。人才发展评估机制不仅仅是具体人才发展项目的评估，而且是对人才发展效益的整体性评价。通过具体人才发展项目评估，可以对具体项目的经济、社会效益进行评价，调整具体项目的执行措施与实施方向；通过人才发展的总体评估，可综观人才发展状况和效率，为人才发展制定差异化发展策略和政策，进而发挥好不同类型人才在促进经济社会发展中的积极作用。通过构建人才发展的评估机制，既可以对已经实施任务项目所取得的成果进行有效评估，又可以通过评估所反馈的效果与评价，发现其中存在的问题，进一步优化调整发展的战略方向和执行措施，进而提高人才发展的效率。

充分发挥市场调节机制。通过市场机制调节人才的收入水平，实现不同素质的人才收入之间的回报差异，这是有效发挥人才潜能的最直接的方式。这当中关键一点是要通过不同质量水平人才的回报差异，引导企业、社会和个人对人才质量开发进行有效投资。在中国当前向全面小康社会迈进的今天，尤其要大力促进各地区特别是贫困地区加大对人才质量开发方面的投入，引导更多人才愿意到贫困地区，引导人才在最需要的地方发挥作用，同时实现自我人生价值。

第四节　文化层面：自我塑造与和谐发展

人的发展是历史的、具体的，任何国家和民族的人的发展，离不开那里的国情、历史、文化精神滋养和浸润，受那里的文明基因主导并表征。尽管在全球一体化的条件下，人类社会的现代化进程融入了许多共性时代特征，但究其差异根本仍然是因文化影响下的行为选择与实践。我们应该看到，人的现代化发展需要通过一定的民族形式才能实现。它并不排斥民族特点，恰恰相反，按照马克思主义的民族理论，一个民族只有把它的文化心理素质提高到当代先进文化的水平，才能使民族精神得以复苏，使民族特性得以保存和发展。《大趋势》的作者奈斯比特亦指出："经济的全球化将伴随产生语言的复兴和强调文化特点……简而言之，瑞典人会更瑞典化，中国人会更中国化，而法国人也会更法国化。"[①] 中国人的文明基因是中华文化传统，现代化中国人的孕育、成长离不开中国的历史和现实，中国人的现代化发展必具有鲜明的民族性特征。在我们研究中国的人才管理与发展问题时，对于人才发展文化环境的塑造必然需要予以重视，并在实践中进行深入的创造和应用。

一　人才文化环境的塑造

人才的文化环境包括人才工作的价值理念、治理理念、选人用人导向，以及人才的政策制度、事业平台、工作待遇等硬环境建设和人才的服务管理、生态文化等软环境建设，以及人才所处的社会大环境。引导塑造先进的人才价值观和用人导向，营造优良的政策制度环境和人才文化生态，对于人才工作具有极大的能动作用。运用科学辩证的人才价值

---

① ［美］奈斯比特：《大趋势》，梅艳译，中国社会科学出版社 1984 年版，第 75 页。

观选才识才，建设制度平台，引才聚才育才，并坚持不懈，久久为功，才能行稳致远。具体来说，应从以下几个方面着手打造。

（一）人才的文化环境要充分体现人文化，彰显人文内蕴，即以人为本，体现出人文情怀

第一，要体现出对人性的尊重，彰显人的价值。突出如母爱、爱情、友谊、思乡、正义、爱国等形象，展现人类的真善美，歌颂厚德载物、自强不息的民族精神，营造充满正能量的人的发展氛围，将来自人内心深处的文化内核与事业追求的外在目标进行糅合，从而最大限度体现出人的价值。

第二，要更加注重人的文化化建设，全方位体现出人性化服务。对于开发人文资源，尤其应该注重求真向善，必须具有文化内涵和品位，要有利于促进文化的传播和人与人之间的交流。文化产业应该具有美的意蕴，将生命美学、生活美学、劳动美学等各种美学全面渗透到文化传播载体、文化展现载体和文化价值载体之中，使其具有浓郁的审美色彩。推动文化产业与审美文化结合，形成物质文化与精神文化和谐统一的复合型文化形态和产业形态。

第三，要提高管理者的文化内蕴。全面提高管理人员尤其是文化产业的管理和工作人员的文化内蕴，是从发展层面促进人才开发，推动人才发展的内在要求。在相当长一段时间，在中国各地方倡导“文化搭台，经济唱戏”，从出发点上说是非常好的，但在实施当中往往把文化当成了招牌或者形式，文化的内蕴挖掘与文化对于人才的吸引和开发所起到的深层作用，并没有认真予以研究和落实，使得管理越来越浮漂，缺乏根基内涵，而这于人才发展所需要提供物质之外诉求不相适应，也就很难留好人、用好人。因此，在我们构建人才发展体系中，一定要把人才发展环境中的人文环境予以高度重视，要充分借助传统文化资源和现代科技的融合推动之力，积极促进人才服务工作队伍的文化素养提升与培养，促进地方文化因子的释放和成长，为人才的成长提供坚实人文心理基础。

（二）人才价值观是人才文化环境建设的核心基础

人才价值观体现了人才工作的理念和治理方式，决定了人才的鉴

别、选择、评价和使用。人才判断的标准见仁见智，戴有人才帽子的是人才，无冕之王也是人才。新时代人才队伍建设要有战略定力，要有识才的智慧、聚才的魅力、容才的气度和用才的胆识，不能急功近利，急于求成和浮躁攀比，要用辩证的、历史的眼光选才识才。要构建符合事业发展、人才发展的多样化、灵活化的人才评价机制，不能搞“一刀切”。习近平总书记要求：“对待特殊人才要有特殊政策，不要求全责备，不要论资排辈，不要都用一把尺子衡量。”①

（三）创建具有人文关怀的人才管理文化环境

目前，我国人才管理的硬件设施并不滞后，某些方面甚至要优于发达国家。但目前的短板是，体现人文关怀的人才管理文化环境比较匮乏。长期以来，我们的发展往往“见物不见人”，比较注重经济发展的数字指标，客观上忽视了创造并支撑这些数字指标的人才的全面发展，包括他们的人文需求。人才管理范式中的人文学观点，值得我们在创建人文关怀的人才管理文化环境时予以充分借鉴。人才管理软环境的创建，并非是仅仅造就适宜于人才创业、创新的小气候。人总是社会的人，他（她）总是试图突破结构所加的种种限制，力图在改造自然、改造社会和改造自我的历史进程中，成为一个全面发展的人。因此，政府在构建人才管理的软环境时，要特别注重人才管理方式的以人为本，体现人才政策和法律法规导向中的社会公平与正义。譬如，特殊人才的子女求学政策，或许从人才个体角度而言是多多益善的，但就整个社会而言，却是一个悖论，它实际上是一种公民权的特权，造就的是公民权的新“差序格局”。显然，政府要想破解类似的人才管理难题，需要从法律上保证公民的基本权益不受损害。政府要摆脱这一困境，就应当在实施特殊人才政策的同时，积极构建覆盖全面的社会保障体系。对作为用人主体的企业来说，人才管理的软环境建设则体现在和谐、上进的工作生活环境、平等与包容的企业文化等方面。在人才国际化趋势加剧的今天，在资本逻辑甚嚣尘上、个人需求日益凸显的时代，人才流动导致了不同文化与价值冲撞，带来的冲突问题，更加需要我们为人才管理注

---

① 习近平：《网络安全和信息化工作座谈会上讲话》，2016 年 4 月 19 日。

人人文色彩、人文关怀和人性滋养，在人才管理中实现各类人才的“各美其美、美人之美，美美与共、天下大同”目标，将显得尤为重要，这也将成为一个极具挑战性的课题。

二 要统筹把握好三对关系：本土人才和引进人才，帽子人才和无冕之王，待遇引才和事业聚才①

要重视本土本地人才培育，改变一味强调“外来和尚好念经”的理念，不能为了引才而引才。要扭转以人才帽子为单一评价标准的现状，构建以事业发展需要为导向的人才评价体系，不拘一格选人才。人才潜力、人才成果等都是重要的参考指标。人才帽子是对人才过去工作的肯定，一顶帽子不能成为终身的评价标签。只有一视同仁，浮在各单位之间的“流动人才”才会沉下去潜心创新事业。待遇引才是优化人才队伍的快速通道，但不是最优通道。单靠待遇引才既伤财也伤才，对存量人才构成待遇不公平伤害，引发人才流失。待遇不再是人才“东流”的唯一因素，事业、平台、环境等要素也是人才集聚的强磁场。要打破待遇攀比和待遇挖才的人才工作怪圈，要不断拓宽视野，推进人的对外开放特别是人才的对外开放。

（一）工作理念方面

首先，由重招商引资向招才引智转变。招商引资是资金短缺时期，依靠资金等生产要素投入驱动为主的经济发展方式下的理性选择，曾对地方经济发展起到过极大的促进作用，但在当前阶段已不再是最优、最有效率的选择。就我国目前阶段而言，社会各类资金充沛，而人才资本相对短缺，更有招、引、争的价值。其次，由平均用力向重点引进转变。随着引进人才的增多，更需要在精细化、针对性上下功夫，突出引才重点。要把引进高层次创新型科技人才和经济社会发展重点行业、关键领域的紧缺人才作为引进重点。再次，由重引进向重使用转变。《国家中长期人才发展规划纲要（2010—2020 年）》提出，“人才以用为

① 何宪主编：《人才发展体制机制理论与实践研究》，中国人事出版社 2016 年版，第 72 页。

本”。引进人才的根本目的是要发挥人才的作用。目前，我国引进的人才数量已经不少，但也有不少地方还存在重引进轻服务、未重用的情况，要尽快予以改变。

（二）目标定位方面

要着眼于高端引领，优化人才政策顶层设计，要把人才政策创新放到经济社会发展全局中加以研究，既要上下贯通，即与国家相关人才政策、产业政策对接；也要左右贯通，即与部门出台的重大改革举措和政策相互衔接；还要内外贯通，即注意人才需求与政策内容间的协调配套。要着眼于破解当前人才工作体制机制中的重点难点问题，要寻求突破制约各方面人才顺畅流动的体制机制壁垒，寻求改善人才队伍结构和人才资源配置结构，重视改革实效，狠抓政策落实。

（三）政策制定方面

加强政策法规建设，打破居留壁垒，通过加强引进国内外专家人才的法制建设，使引智工作走向制度化、规范化、法制化。要优化高层次人才引进工作机制，使市场机制成为引进专家人才的主要方式。在新形势下，必须进行制度和政策创新：在宏观机制上，要将引智工作放到市场经济体制的环境中来考察，重新定位国家在引进国外智力中的角色；在微观机制上，要使企业和各种组织认识到引进外国专家工作的重要性，引导建立符合国际惯例的游戏规则和有效发挥专家作用的用人机制；在运行机制上，要发挥市场机制在配置外国专家中的决定性作用，提高企业等单位引进外国专家的积极性。

（四）工作举措方面

要进一步加大高层次人才引进工作力度，推进人才工作的市场化、法治化进程。人才工作法治化是人才工作市场化的重要保证，要把人才工作各个环节都纳入法制轨道，减少人治行为和行政化配置资源倾向。要突出人才工作的高端化、国际化特征，打造高质量创业创新平台，加大对“两高”人才的扶持力度，鼓励企业特别是龙头企业、高科技企业加强“两高”人才队伍建设，以“两高”人才（高层次创业创新人才、高技能人才及其团队）的培养、吸引和集聚，带动整体人才队伍建设的全面推进；要以国际化的视野、国际化的思维来审视和推动人才体制机制创新工作。大力加强人才资源信息建设。为了能全面提升引智工作的效率和水平，必须大力加强海外人才资源的信息建设，整合分散在各地区、各部门、各单位的海外人才信息与资源，形成人才资源信息共享机制和全国大网络体系。

三　人才工作方法是人才文化环境建设的现实载体

人才工作方法体现了人才工作的具体路径、具体措施，决定了对人才的吸引、凝聚和培育，解决的是如何把人才引过来、聚得住、育得好的问题。吸引和凝聚优秀人才要在一定的人才待遇基础上，想人才之所想，急人才之所急，要在政策制度供给、事业平台构筑、资源要素提供、宽松环境营造等方面下功夫，关心人才发展成长，切实解决人才的后顾之忧，多为人才服务，用事业凝聚人才，资源造就人才，机制激励人才，体制保障人才，促进人才团队的自组织效应形成和人才治理的他组织引导，形成人才集聚的“硅谷效应”。以研制出世界上第一颗原子弹而闻名于世的美国阿拉莫斯国家实验室云集了大批世界顶尖科学家，被世人称为诺贝尔奖获得者的“集中营”，取胜之道就在于人才工作的平台、环境和政策形成的良好口碑效应和强烈的人才磁场引力效应。

（一）通过完善人才激励政策为人才创造良好的创新环境

2016 年 11 月 7 日中共中央办公厅、国务院办公厅印发了《关于实行以增加知识价值为导向分配政策的若干意见》开篇即明确提出，为加快实施创新驱动发展战略，激发科研人员创新创业积极性，在全社会营造尊重劳动、尊重知识、尊重人才、尊重创造氛围的要求，这对于我们加强人才创造环境建设提供了重要指导。要在尊重高端人才与发挥他们重大作用的同时，在全社会营造良好的创新环境，通过为广大科技工作者提供研究机会与资源，以及提供便利优质服务，激励科技工作者创新，取得重大成果。要按照意见提出的坚持价值导向、实行分类施策、激励约束并重、精神物质激励结合的原则，从政策构建、措施方法、管理制度等方面进行立体建设，为人才创造良好的创新环境。

（二）通过打造人才工作平台为人才创造良好的生态环境

人才生态环境是人才文化环境建设的综合反映，体现了人才工作的用才导向、容才气度，决定了对人才的发现、使用和留住。习近平总书记多次强调要着力完善人才发展机制，用好用活人才。用是关键和根本，不是把人才摆作花瓶，装点门面，而是要发挥人才特长，大胆使用人才，提升人才队伍竞争力，推动事业发展。要根据发展的需要、人才的特长和潜力，结合人才的结构层次给予人才综合配套服务，包括人才项目、人才梯次团队建设等，积极引导各类人才迅速融入团队，以平台为依托，以人才建团队，以团队创事业，形成良性发展局面。要根据事业的发展大胆使用人才，把人才安排到重要的学术岗位，多发挥人才的学术创新效用，减少行政和事务性工作挤占人才时间，帮助人才创造时间、平台和资源条件。要在学术创新、团队建设等方面让人才享有较大自主性。邓小平也曾指出，“不能叫科研人员还去搞后勤，整天东跑西跑。”对待人才要有礼贤下士、三顾茅庐的精气神，要有容才的气度和心胸。要营造沟通平等、自由和谐、公平正义、包容失败的人才生态环境，不简单使用定量方式考核人才。要妥善处理国外引进人才对本土人才形成的非协同竞争关系，努力构建团队协同文化精神。

第六章 基于四维架构的人才发展对策建议

2009年9月10日，习近平在会见第四届全国杰出专业技术人才代表时的讲话中指出，“各级党委和政府要深刻认识人才在我国经济社会发展中的重要作用，牢固树立人才资源是第一资源的理念，坚持解放思想、解放人才、解放科技生产力”[①]。2013年9月30日在十八届中央政治局第九次集体学习时的讲话中，习近平强调“人才资源是第一资源，也是创新活动中最为活跃、最为积极的因素。要把科技创新搞上去，就必须建设一支规模宏大、结构合理、素质优良的创新人才队伍”[②]。在今后一段时间内，中国人才工作都应坚持党管人才原则，实施人才强国战略；树立“人才资源是第一资源”的观点，坚持“以人为本”和“人人都能成才”的理念；贯彻“尊重劳动、尊重知识、尊重人才、尊重创造”的方针；理解人才、尊重人才、关心人才、保护人才、用好人才，做到人尽其才；坚持在实践中发现人才、培养人才、使用人才、锻炼人才，把实践作为检验和评判人才的根本标准；坚持不唯学历、不唯职称、不唯资历、不唯身份，不拘一格选人才，促进人的全面发展；营造良好的制度环境、政策环境和人文环境，建立以公开、平等、竞争、择优为导向，有利于优秀人才脱颖而出、充分施展才能的选人用人机制；充分调动各方面、各层次人才的积极性，使人才资源充分涌流，为现代化建设提供充足、持续的人才保证。

---

① 习近平：《会见第四届全国杰出专业技术人才代表讲话》，《人民日报》2009年9月11日。

② 习近平：《十八届中央政治局第九次集体学习时的讲话》，《人民日报》2013年10月2日。

第一节 坚持人才是第一资源理念

进入 21 世纪，人类社会进入了一个科技创新日新月异的重要时期，也步入了一个产业结构急剧转型、经济结构加快调整的重要时期，国民财富的增长和人类生活的改善，越来越有赖于知识的积累和创新的引领。人才的作用和地位越来越突出，越来越重要。特别是随着经济全球化的发展，人才全球化趋势的进一步增强，全球范围内的经济结构调整对人才素质提出了更高要求，人才竞争进一步激烈，综合国力的竞争更加倚重于科技进步和人才开发。当前，我国已经到了必须依靠增强自主创新能力和提高劳动者素质推动经济发展的阶段。建设创新型国家，关键在人才，坚持人才优先发展战略，树立人才第一资源理念，是必然趋势和要求。

一 坚定不移地贯彻党管人才的原则

人才工作的成效直接关系到党和国家的发展前途，这决定了我们党必须把人才工作放在更加重要的战略位置。当前国内外错综复杂的客观现实，也要求我们党必须充分发挥自身的组织优势、政治优势和密切联系群众的优势，加强对人才工作的领导，形成人才辈出、人尽其才的环境和机制。党管人才是我们在国际人才竞争中，所创造的最大的制度优势和体制优势。有了这个制度优势和体制优势，才能形成人才竞争的比较优势和创新。从实践上看，自 2003 年《中共中央 国务院关于进一步加强人才工作的决定》提出了党管人才的重大指导原则以来，各级党委和组织部门积极践行这一原则。学者们通过分析党管人才体制，以及与其他国家人才体制的比较体现出我国党管人才体制的优势。

党管人才体制是从我国实际出发而形成的具有我国特色的人力资源管理实践经验的高度概括，是对党管干部原则的继承和发展，是我们党在新时代、新阶段新的人才战略观，既是人才强国战略总目标、总方向的重大原则性规定，又是中国共产党长期以来人才政策的集大成。党管人才对于我国实现从人口大国向人才资源强国转变，积聚社会人才资源，实现小康社会具有重要的意义。新时代，坚持党管人才原则，不仅需要在梳理其来龙去脉的基础上把握其真谛，也需要在深入贯彻落实党的十九大精神的基础上赋予其时代特色的内容，更需要结合实现中国梦的战略目标明确其未来任务和实践形式，包括全面理解和深刻把握党管人才的内涵、本质、形式和路径等。

王祚桥、胡慧远、夏静等在文章《坚持党管人才原则提升高校人才工作科学化水平》文章中，对于党管人才有关内涵进行了论述。他们认为，根据历史传承、实践需要和现实可能，党管人才的内涵主要是指，在把握和尊重两个规律即人才成长规律、人才工作规律的基础上，发挥党在人才工作中谋大局、抓关键、管大事的功能，包括管大政方针、管营造环境、管协调各方、管完善机制等，通过指导、保障、推进人才工作达到解放发展、用好人才的目的，全面引领与有效支撑人才发展目标的实现。党管人才的这一内涵，既规定了党管人才的基础和边界，又阐明了党管人才的手段和目标，更明确了党管人才与人才发展之间的关系，有利于我们在实践中准确把握和全面坚持党管人才原则。实现中国梦必须弘扬中国精神，其中改革创新精神始终是我们不断取得进步，创造辉煌成就的重要精神力量；只有坚持党管人才原则，才能够将改革创新精神有效贯彻在人才工作领域。

（一）党管人才的本质是为党聚才、为国聚才、为事业聚才

正所谓“事以才立，业以人兴”。党的十九大为我们描绘了未来发展的美好蓝图，“两个一百年”奋斗目标以及中华民族伟大复兴的中国梦已经筑就。要实现我们既定的奋斗目标，把各方面优秀人才集聚到党的周围国家建设和事业发展中来，才是取得成功至关重要的因素。实现中国梦必须凝聚中国力量，凝聚中国力量的关键在中国共产党；凝聚中国力量的重点是凝聚各类人才。新时代党管人才说到底就是人才兴党、人才强国、人才圆梦。可以说，人才是我们“梦想成真”的重要支撑。

（二）党管人才的形式归纳起来就是“四个管”：管宏观、管政策，管协调、管服务

实践中，党管人才的责任主体是各级党委以及作为各级党委代表的组织人事部门。按照党政分工的界定，统揽全局、协调各方是各级党委

的基本职责。因此，作为责任主体的各级党委及其组织部门在履行党管人才的职责中也只能是统揽全局、协调各方，具体来说就是宏观上把控、政策上保障、协调上、作为上、服务上到位。实际上就是在人才工作中发挥党委领导核心作用，形成党委统一领导，组织部门牵头抓总，相关部门守土有责、协同配合，社会各方广泛参与的人才管理的基本格局。现实中出现的“党委政府热，用人单位冷；组织人事部门热，其他部门冷”的人才工作不和谐格局，是党管人才落实中出现的变异现象，需要在实践中加以扭转。

党管人才的路径可以归结为“三个结合”：党管人才必须与尊重人才成长规律相结合，与市场配置人才相结合，与法治保障人才相结合。坚持党管人才原则，既要发挥党在人才工作中统揽全局协调各方的作用，又要将党管人才的各项任务、基本职责落到实处，这就需要结合形势和任务发展的实际选择适当的路径。世间万物都有规律，人才成长也有一定的规律；从理论上讲，规律是现象中持久的东西。人才成长现象中必然有一些持久的东西，这就是人才成长规律，诸如学习成才规律、实践成才规律、综合锻造规律、路径递进规律、最佳年龄规律，等等。党管人才只有在探索规律、掌握规律、运用规律的基础上开展人才工作，才能减少工作的盲目性，把人才工作做得更好。这就是说，党管人才必须与尊重人才成长规律相结合。市场配置资源是市场经济的本质要求，党管人才必须与市场配置人才资源结合起来，才能提高人才配置的效率和效果；党管人才与市场配置人才相结合，可以很好地达成人才配置的宏观合理性与微观效率性的有机结合，有效化解人才市场分割和人才流动障碍等问题。法治保障人才是成熟市场经济国家的经验模式，美国、德国、日本等在人才管理领域内的成功经验之一就是法治保障人才；在我国，党管人才要与法治保障人才紧密结合起来，才能奠定人才管理的合法性基础，提高人才管理的公信度。法治既是改革的目标，也是改革的手段，还是维护改革共识的底线；人才管理中的法治保障人才，是党管人才必须遵守的基本准则。当然，法治保障人才的基础是建立健全人才管理的法律体系，主要包括人才流动、人事关系、人才培训、收入分配、社会保险、劳动保护、争议仲裁等方面的法律法规，在这方面我们还有很长的路要走。总之，在党管人才的路径选择上，尊重人才成长规律、市场配置人才、法治保障人才三者之间是相互依存、相互配合、层层递进、共同促进的关系，共同筑就党管人才这一“高楼大厦”。

（三）党管人才原则有着丰富的内涵，能有效指导我国的人才工作

党管人才的宗旨是通过凝聚和统率各类人才，将各类人才汇集在党的周围，为实现全面建成小康社会的宏伟目标提供人才和智力支持；党管人才是按照人才成长规律的依法管理，重点是管宏观、管政策、管协调、管服务，不是包揽人才工作的一切方面的“管”，是统筹规划、统一部署、宏观指导、综合协调，在具体层面重点是“服”，这有利于打破行业、地域、部门、界限，促进人才工作的法制化、规范化、程序化。

因此，必须从战略和全局的高度，深刻认识人才在经济和社会发展中的基础性、战略性、决定性作用，深刻认识实施“人才强国”的战略意义，认清做好人才工作的极端重要性和紧迫性。一方面是党管人才原则自身具有科学性，顺应了时代的潮流和中国发展的需要；另一方面是党和各级政府的高度重视，人才工作将发生质的飞跃。坚定贯彻落实党管人才的原则，中共中央办公厅在印发关于进一步加强党管人才工作的意见文件以及相关研究中明确指出，应从以下几个主要方面进行落实。

一是要发挥组织部门的牵头抓总作用。各级党委组织部门在党委指导下，切实负起人才工作牵头抓总的责任，当好参谋，创新实践，整合资源，示范引领。要坚持牵头不包办，抓总不包统筹不代替，积极支持配合其他部门在职责范围内开展工作。中央和省级组织部门重点抓好战略思想研究、总体规划制定，重要政策统筹、创新工程策划、重点人才培养，重大典型宣传等。

二是职能部门按照统一领导、分类管理的原则，科学划分有关部门在人才工作和人才队伍建设中的职责，各司其职，密切配合。人力资源和社会保障部门在制定人才政策法规、构建人才服务体系，培育和发展人才资源市场等方面积极发挥作用。各党政职能部门和企事业单位要齐

抓共管、通力合作，共同推动人才工作各项任务的落实。

三是发挥用人单位主体作用。各用人单位要认真贯彻执行党的人才工作方针政策，自觉做好本单位人才培养、引进和使用。不断深化干部选拔任用制度改革，扩大干部工作民主，拓宽选人用人渠道，促进优秀人才脱颖而出。深化国有企业和事业单位人事制度改革，创新管理体制，完善用人机制，尊重和落实单位用人自主权。鼓励和引导非公有制经济组织和新社会组织认真落实所在地方党委，政府人才发展规划，以灵活机制做好人才服务和管理工作。

四是引导和支持工会、共青团、妇联、作协等人民团体和各民主党派、工商联、无党派人士等各方面力量积极参与人才工作，鼓励和支持各类人才培训机构、中介机构人才发展的比较优势以及从事国际人才交流的民间机构，创新服务方式和内容，为人才提供个性化和多样化服务。

五是引导人才资源合理流动，统筹协调区域人才资源。在我国的经济版图上，已经形成东部、中部、西部和东北地区四大经济板块以及京津冀、长三角、珠三角等若干个经济圈。经济开发决定人才开发，人才开发又对经济开发具有巨大推动作用，区域人才开发合作势必成为区域经济合作的重要推手。坚持党管人才原则，要注重以区域经济项目为载体的人才开发合作方式，引导和推动各类人才服务机构围绕区域经济发展来培育、引进、聚合和使用。

二　加强人才工作重点制度与机制的创新

在理论上，无论是人才的培养、选拔、使用、评价，还是人才的激励、保障，人才各个层面的工作都离不开一定的机制、制度，人才工作任何方面的创新都或多或少地同制度、机制相联系。从管理机制层面看，制度、机制不完善是当前中国人才工作中存在的主要问题。因此，中国出台的各项人才工作政策及具体措施中，几乎都包含有完善制度、机制方面的内容。在未来一段时间内，中国人才工作中同制度创新、机制创新有关的内容应囊括以下几个方面。

(一) 人才评价体系建设

在现有工作的基础上，探索建立以能力和业绩为依据，涵盖品德、知识、能力等要素构成的人才评价指标体系，形成以德为先、德才兼备、体现专长、不拘一格的人才评价体系；进一步完善人才评价标准，克服人才评价中重学历、资历、帽子，轻能力、业绩的倾向，根据德才兼备的要求，从规范职位分类与职业标准入手，改革各类人才评价方式，完善人才评价手段，积极探索主体明确、各具特色的评价方法，大力开发应用人才测评技术，努力提高人才评价的科学水平。

(二) 人才选拔、使用机制建设

以市场为基础，以服务重大战略和关键领域为重点，以科学民主选人为原则，进一步深化党政企事业单位管理人才选拔任用制度的改革，大力推进企业、事业单位人事制度改革，形成完善的以公开、平等、竞争、择优为导向，打破地域、所有制、身份的界限，创造优秀人才脱颖而出、充分施展才能的选人用人机制。

(三) 人才激励机制建设

人才激励坚持精神奖励和物质奖励相结合的原则，进一步规范各类人才奖项，建立以政府奖励为导向、用人单位和社会力量奖励为主体的人才奖励体系；进一步完善按劳分配为主体、多种分配方式并存的分配制度，坚持效率优先、兼顾公平，各种生产要素按贡献参与分配；积极探索机关和事业单位社会保障制度改革，进一步完善企业社会保障制度，人才工作的深入发展将得到有效保障。

三 进一步完善人才市场体系

(一) 创新人才市场管理体制与运行机制

按照现代市场体系的要求，进一步理顺政府与人才市场的关系，推动政府对人才市场的管理由直接管理转向间接管理，工作重心逐步转到完善相关政策、制度，推动各种机制的建立等方面；人才流动中的城乡、区域、部门、行业、身份、所有制限制会越来越少，进一步疏通各类人才队伍之间、公有制与非公有制组织之间、不同地区之间的人才流动渠道。

人才应该在流动中保持平衡，人才队伍在流动中得以整体升级和发展。目前，党政人才、企业经营管理人才、专业技术人才，“三支队伍”之间流动难度大，党政人才流动到企事业单位相对容易，而企事业单位的各类人才流动到党政机关则比较困难。干部人事制度改革相对滞后，党政机关仍未形成灵活、高效的用人机制。受资格、专业等方面严格限制，对绝大多数企业经营管理人才和专业技术人才来说，进入党政机关的途径仍然狭窄。另外，社会管理体制上存在着人才流动的障碍。党政机关与企事业单位之间分配不平衡，甚至差距很大，在一定程度上制约了人才的交流。推进党政人才、企业经营管理人才、专业技术人才合理流动，必须坚持发挥市场在人才资源配置中的基础性作用。要尽快形成符合社会主义市场经济要求的人才供求机制、价格机制、竞争机制和激励保障机制，利用价值规律和市场机制来配置人才资源，把人才放到最能发挥作用的岗位上，发挥人才的最大效能。例如，要利用市场灵敏反应的价值信号，把握各类人才供需结构的小场变化，及时为人才的合理流动做好信息咨询、交流培训、选聘培训和管理指导等服务。利用法律杠杆，实施法规监控等，及时解决人才流动有关社会保障、人事争议等问题，为人才流动提供法律保护。发挥党委、政府在人才流动中的宏观调控作用，完善党政人才、企业经营管理人才、专业技术人才交流和挂职锻炼制度，打破人才身份、单位、部门和所在地限制，营造开放的用人环境。

（二）有效提升人才市场的服务功能

随着社会发展对人才需求的越来越多、要求越来越高，提升人才服务效益和功能对于人才开发和发展具有非常重要的作用。人才市场的服务领域应更加多元化、服务内容应更加多样化、服务功能应更加专业化、服务手段应更加现代化。要加快建立和完善人才市场的现代信息系统，大力发展网上人才市场；强化人才服务功能创新、人事技术创新；加快国内人才市场的专业化、信息化、产业化、国际化进程，全面提高各类人才中介机构的核心竞争力，构建具有国际竞争力的大型产业化人才服务集团。在完善人才市场的过程中，日益完善人才市场法规体系将为人才市场的发展提供更有力的法制保障，维护用人单位和各类人才的合法权益。

四　构建良好激励人才发展的社会环境氛围

（一）树立科学的人才标准

尊重劳动、尊重知识、尊重人才、尊重创造，其核心是尊重劳动，其本质是尊重人才。新的人才标准不仅应该包括“显现”的人才，还应该包括“潜在”的人才；不仅要涵盖有学历、有职称的人才，也要涵盖没有学历、没有职称但有专门技能的人才，新的人才标准除了考虑学历职称外，更应强调“两个导向”：第一，能力导向。虽然要考虑人才的学历和职称，但更突出其综合能力和专业水平，从而真正做到唯才是用。第二，业绩导向。在竞争环境中，业绩至关重要，因为只有业绩才能把一个人同其他竞争者区别开来。学历只是人才能力中很小一部分，最多表明一个人的潜能。在进行人才评价时，不能仅看文凭及其毕业的大学，而要看他给社会做了哪些贡献，有何业绩。新的人才标准必须从学历职称本位转变到以能力业绩为本位上来，将人才置于经济社会进程中去考察，以为社会所创造的价值大小去衡量，从而形成“人人讲创造、人人比贡献”的社会氛围。

（二）创造和提供人才成长成才的机会

首先，加快人才培养，既应坚持教育优先、扩大教育投入的方针，又应根据经济社会发展的需要合理调整教育结构。在各种教育中，义务教育是提高全民素质和造就亿万人才的基础，要确保所有未成年人无论家庭贫富都能享有完整的义务教育。同时加速发展符合现代工业文明需要的职业技能教育，造就数以亿计的高素质劳动者。

其次，加快人才培养，既应摒弃人才培养依靠高等教育走路的传统做法，真正树立大教育观，又应摒弃把教育仅仅看成是国民福利的简单思维，真正树立现代人力资本投资理念。通过大教育与大培训，人口众多的包袱便可以转换为丰富的人力资源，而丰富的人力资源则可以进一步转换成相应的人力资本，国家也会因此而掌握走向强盛的最可贵的第一资源和最具竞争力的核心资本。

（三）营造人人皆能成才的社会环境

1. 在观念上要有创新。做好人才工作，首先要确立人才资源是第一资源的思想，克服见物不见人和重使用、轻培养的倾向。要树立全面的人才观，克服人才单位、部门所有的狭隘观念。各地区、各单位、各部门要结合当前的主要问题从更深层次上和更大范围内关注全社会人才资源的开发，高度重视高层次、高技能应用人才的建设，进一步树立“唯才是举”“唯才是用”“不拘一格”的选人用人观念。树立既要使用人才，也要培育人才的观念。做到既充分发挥现有人才的作用，又重“潜人才”和“准人才”的开发。

2. 在机制上要有创新。各级政府部门要从自身实际出发，努力构建人才开发的新机制、新举措。一是建立以培育为主导的人才资本积累机制，从知识存量和增量两方面提升人才的素质和国际化程度，调整人力资本结构，提高劳动生产率。二是建立以发展为主导的人才资本吸引机制。着力盘活现有人才存量，做到吸引人才与留住人才、吸引国外专家和国内人才并重，探索专职人才和兼职人才相结合等有效开发人才资源的方式。三是建立以市场为主导的人才资源配置机制。各级政府应加强宏观调控与指导，推动人才资源的市场化配置，努力形成布局合理、类型齐全、服务规范、指导监督有力的人才市场体系。四是建立人才资源激励机制。在人才激励机制上，应把按劳分配和按生产要素分配结合起来，坚持效率优先、兼顾公平，对有重大贡献的人员予以重奖。五是建立以法治为主导的人才资源管理机构。必须围绕依法行政的目标，不断加强人事管理服务内容、方式、方法和手段的创新，综合运用行政、法律、经济、文化等手段积极有效地开展工作。

3. 在管理方式上要有创新。社会主义市场经济条件下，各级政府要努力从现行管理方式上逐步转变到加强公务员整体素质建设，改进服务手段，提高行政管理效率，增强宏观调控能力上来。同时，还应努力优化人才发展的环境，为人才资源开发创造良好的法制环境、政策环境、市场环境、人文环境和生活环境等。

（四）构建人人能够成才、人人得到发展的人才培养开发机制

全球经济由工业经济时代向知识经济时代过渡，信息技术革命、产

业结构变化、职业转换加速等引发了劳动力素质、工作场所、工作性质以及生活方式等一系列变化，人才培养方式正在由单一的学校教育向多元的社会化教育转变。特别是互联网的出现为全球范围内教育资源的整合与共享提供了全新的可能性，基于互联网的现代远程教育是一种无限制教育资源共享的有效方式，它突破了传统教育对受教育者的时间、地点和身份等方面的限制，也克服了由此产生的对教育资源的竞争性利用和排他性利用的限制，教育资源的利用效率得到了极大的提高。教育资源全球化、教育方式多元化、教育组织社会化、教育内容个性化、教育过程过时化的时代特点正在改变传统的人才培养模式。构建人人能够成才、人人得到发展的人才培养开发机制，要充分发挥教育在人才培养中的基础性作用。要更新人才培养观念，树立全面发展观念、人人成才观念、多样化人才观念、终身学习观念。以培养社会责任感、创新精神和实战能力为核心，实施素质教育，切实改变重知识轻能力、重学历轻发展、重守成轻创造、重书本轻实战的落后观念，注重公民意识、科学精神培育，建设全民学习、终身学习的学习型社会，使全体人民学有所教，实现人人皆学、处处能学、时时可学。努力构建终身学习的“立交桥”，实现各级各类教育“对接”，使人通过各种学习取得的成果（知识、能力和技能）都能得到认可并有通过多样化途径持续学习提高的机会，适应学习者的个性化需求，使不同的人能选择适合自己的成功途径。

1. 完善人才服务体系，营造良好的人才发展环境。党的十九大提出：实行更加积极、更加开放、更加有效的人才政策，努力形成人人渴望成才、人人努力成才、人人皆可成才、人人尽展其才的良好局面。着眼于新时代事业发展对人才工作的新要求，必须着力优化人才公共服务，营造关心人才、关爱人才的浓厚氛围。健全人才公共服务体系，建立省市县纵向一体，各部门横向联动的公共服务网络。健全人才公共服务网络，加强人才服务窗口建设，努力为人才创新创业提供“一站式”“个性化”服务。积极打造一批产业人才平台，聚焦重点产业、重大科技专项和地方经济社会重点领域，积极打造以留学人员创业园、博士后工作站和流动站、专家服务基地、继续教育基地为主体的高层次人才服务平台。加快国家级高技能人才培训基地、公共实训基地、技能大师工作室等高技能人才服务平台建设，为人才发展提供舞台。建立完善杰出人才荣誉制度。建立直接联系服务专家制度，认真研究并尊重创新创业人才的成长规律，千方百计解决各类人才生活中遇到的实际问题，解除人才后顾之忧。大力宣传人才创新创业先进典型，努力营造尊贤重才、鼓励创新的社会氛围。

2. 既要把握人才资源配置市场化的大势，又要重视发挥政府宏观调控的政策优势。当前，在人才发展中出现诸多“乱象”：人才争夺战白热化、人才“帽子”满天飞、人才政策碎片化等，我们不能被这些表象所迷惑，要看到这些表象背后的实质是：经济发展方式转型的必然选择、城市人才竞争的积极应对、人才发展体制机制改革“阵痛”的自然过程。要看到在人才资源配置方式由计划体制向市场体制转变过程中，必然有一个“混乱”的过渡期。越是在“乱云飞渡”时，越要坚持遵循市场经济规律和人才成长规律，提高我们的战略定力和把握大势的能力，更加重视政府宏观调控作用，积极发挥政策杠杆优势，加强正面引导、合理疏导，避免出现“一乱就收、一收就死”的恶性循环。面对改革的“阵痛”，退回到传统计划管理方式或放任自流都是没有出路的。要坚持发挥市场在人才资源配置中的决定性作用，积极培育人力资源市场，大力发展现代人才服务业，在人才的吸引、流动和使用中更加有效地发挥市场的主导作用。要坚持“放权松绑”的改革方向，持之以恒地推进政府“放管服”改革，把人才引进权、评价权、使用权、管理权真正下放给用人主体，更好地发挥用人单位的主体作用，尽量减少政府干预，提高人才资源市场化配置效益。

3. 既要把握国际人才竞争日趋激烈的大势，又要重视我国人才安全所面临的错综复杂局面。当前，全球范围内新一轮科技革命和产业变革蓬勃兴起，世界各国都在抢抓机遇，国际人才争夺日趋白热化。西方发达国家也都出台了各自的抢人计划，欧盟出台“蓝卡”计划，英国推出“杰出人才签证”，以色列启动“卓越研究中心计划”，等等。面对日趋激烈的国际人才竞争，我们要制定实施更加积极、更加开放、更加有效的人才引留政策，加大对国际一流创新人才的引进、留用力度，赢得我国参与国际竞争的主动权和战略优势。

4. 既要把握深化人才发展体制机制改革的大势，又要重视利益格局形成壁垒障碍的现实。深化人才发展体制机制改革是建立具有全球竞争力人才制度体系的“关键一招”，也是形成良好用人环境的根本举措，我们必须坚定不移、持之以恒地加以推进。但必须看到在推进改革中还存在“中梗阻”现象：一些部门和地方在落实中央改革决策部署时，囿于部门利益和局部利益，不顾大局，搞选择性落实、象征性执行；一些部门和地方对落实改革任务缺乏深入系统的研究，制定的具体措施脱离实际和人才需求，改革政策难以落地。“中梗阻”不破，改革就无法取得实实在在的成效。对此，需要进行深层次的变革和调整：一是从单项突破转向整体推进，加强政策、法规的统筹协调，避免“单兵突进”“政策对冲”。二是从顶层设计转向落地生根，加强督促检查和跟踪问效，发现问题及时调整，确保改革措施落地生根。三是从重视硬件转向软硬兼施，加强改革宣传和经验推广，营造改革的社会氛围。四是从政策创新转向法规建设，推进人才发展治理体系建设，确保改革的规范性、实效性、长期性。

5. 既要把握以重大人才工程为牵引推进各类人才队伍建设的大势，又要重视优化整合人才计划、提高人才工程质量的必要性。实施重大人才计划既是世界各国培养集聚人才的成功经验，也是我国加快人才强国建设的战略抓手，必须毫不动摇地继续坚持。要着眼于实施国家重大发展战略、促进区域协调发展，以重大人才工程为牵引加快人才资源开发。要进一步提升人才工程实施的科学性、实效性，优化整合交叉重复的人才工程项目，改进项目、人才评审方式，更加聚焦创新人才、产业人才、青年人才。设计实施重大人才工程要以政策支持、财政资助为核心，重在培养引进，避免“戴帽子”“封头衔”，防止搞成“永久性待遇”。要更加注重人才工程实施的均衡性，在人才队伍建设上，目前存在着“重科学家轻企业家、重科技人才轻管理人才、重工程技术人才轻技能人才、重自然科学人才轻人文社科人才、重应用学科人才轻基础学科人才”的偏向，在实施重大人才工程中，要按照中央提出的“全面集聚人才”的要求予以改进完善。同时，进一步加大对西部和东北地区海外引才支持力度，充分发挥实施重大人才工程在经济社会发展中的支撑作用。

第二节　牢固树立正确人才政绩观

一　政绩观和人才政绩观

政绩就是为政所取得的业绩、实绩、功绩。政绩观就是为政者对政绩的总体认识、基本看法和根本观点，包括对为政价值目标的理解和实现政绩的方法、路径的认识，是为政者在政绩问题上的价值观和方法论的统一。

所谓人才政绩观，即为政者对人才工作政绩的总体认识、基本看法和根本观点，包括对人才、人才工作价值目标的理解和实现人才工作目标过程中所采取的方法、路径的认识，是为政者关于人才工作政绩问题的价值观和方法论的统一。

习近平总书记曾指出，树立正确的政绩观必须着重解决好“政绩为谁而树”“树什么样的政绩”“靠什么树政绩”“如何考核政绩”等问题。“政绩为谁而树”“树什么样的政绩”追问树政绩的目标和指向，呈现价值观；“靠什么树政绩”追问树政绩的方法和途径，呈现方法论。[①] 为政者的政绩观树立端正与否，通过对上述追问的回答都能从中找到答案。

二　习近平总书记对政绩观及人才工作提出的要求

实现好、维护好、发展好最广大人民的根本利益是习近平总书记对树立正确政绩观的总要求。为政者对人民的根本利益实现、维护、发展得好不好，这是判断和检验政绩观的根本标准，实现政绩的根本途径是将人民群众的眼前利益与长远利益结合起来，统筹谋划，按客观规律办事，实事求是、抓铁有痕的开展工作，既要有“显绩”，更要注重积淀“潜绩”，有“功成不必在我”的胸怀和眼界。

---

① 习近平：《干在实处　走在前列——推进浙江新发展的思考与实践》，中央党校出版社 2006 年版，第 414 页。

关于如何树立正确人才政绩观的问题，习近平总书记对人才工作所做的一系列重要指示，为我们明确了价值目标和方法路径。在人才政绩观的价值观层面，习近平总书记 2016 年 5 月对我国人才制度建设作出的重要指示可作界定，即“办好中国的事情，关键在党，关键在人，关键在人才。……加快构建具有全球竞争力的人才制度体系，聚天下英才而用之。要着力破除体制机制障碍，向用人主体放权，为人才松绑，让人才创新创造活力充分迸发，使各方面人才各得其所、尽展其长。要树立强烈的人才意识，做好团结、引领、服务工作，真诚关心人才、爱护人才、成就人才，激励广大人才为实现‘两个一百年’奋斗目标、实现中华民族伟大复兴的中国梦贡献聪明才智”①。2018 年 5 月召开的两院院士大会讲话中，习总书记再次强调“牢固确立人才引领发展的战略地位，全面聚集人才，着力夯实创新发展人才基础……要营造良好创新环境……要尊重人才成长规律……要加强人才投入，优化人才政策，营造有利于创新创业的政策环境，构建有效的引才用才机制，形成天下英才聚神州、万类霜天竞自由的创新局面”②。

在人才政绩观的方法论层面，习近平总书记更是进行了系统论述。针对不善于发现人才，习近平总书记强调“要树立强烈的人才意识，寻觅人才求贤若渴，发现人才如获至宝，举荐人才不拘一格，使用人才各尽其能”；针对不善于培养人才，习近平总书记指出，“人才是事业发展最宝贵的财富，人才资源是党执政兴国的根本性资源”，“必须造就一支规模宏大、素质优良、门类齐全、结构合理的人才队伍”；针对不善于团结人才，习近平总书记要求，为人才“做好团结、引领、服务工作，真诚关心人才、爱护人才、成就人才，激励广大人才为实现‘两个一百年’奋斗目标、实现中华民族伟大复兴的中国梦贡献聪明才智”；针对不善于用好人才，习近平总书记指出，“致天下之治者在人才”“物质资源必然越用越少，而科技和人才会越用越多”；针对不善

① 沈荣华：《习近平人才观的核心：聚天下英才而用之》，《人民网—人民论坛》2017 年 6 月 29 日，http：//theory. people. com. cn/n1/2017/0629/c40531 – 29370538. html。

② 习近平：《在中国科学院第十九次院士大会、中国工程院第十四次院士大会上的讲话》，《人民日报》2018 年 5 月 29 日第 2 版。

于服务人才，习近平总书记强调，“尚贤者，政之本也”，“要健全工作机制，增强服务意识，加强教育引导，搭建创新平台……促使优秀人才脱颖而出”。[①]

习近平总书记的这些重要论述为我们做好人才工作指明了方向，明确了在人才政绩观方面应该树立的正确价值观和方法论。其中涉及人才工作战略布局定位以及人才的培养、引进、使用、评价、激励等人才工作各个环节和重要方面，不仅具有极为精准的现实指导意义，更是丰富和发展了马克思主义的人才思想，这是我们做好新时代新形势下人才工作的思想指南和基本遵循。

三 树立正确政绩观的对策建议

习近平总书记指出，人类社会需要通过教育不断培养人才，传授已知、更新旧知、开掘新知、探索未知，进而使人们能够更好地认识世界和改造世界、更好地创造人类的美好未来。“两个一百年”奋斗目标和中华民族伟大复兴中国梦的实现，归根到底靠人才、靠教育，要用发展的、辩证的、全面的、开放的视野识才、选才、爱才、敬才、用才等，这些思想都为人才工作领导者、执行者、工作者提供了根本遵循。做好人才工作，必须从价值观和方法论双重维度深刻理解和把握习近平总书记人才政绩观的重要思想，牢固树立人才是最重要资源的意识，把人才工作的着眼点定位在服务于人力资源效益最大化上，把人才工作的落脚点定位在让人力资源释放最大能量上，把人才工作的价值目标聚焦到实现“两个一百年”奋斗目标和中华民族伟大复兴的中国梦的恢宏大业中。

（一）坚持党管人才工作方针

习近平总书记多次指出，“聚天下英才而用之，关键是要坚持党管人才原则”，党领导人才事业是做好人才工作的必然要求，党的领导也为做好人才工作提供了坚实的政治基础和制度保障。党管人才就是要从体制和制度上解决人才优先发展的问题，运用中国特色的人才制度优势

① 习近平：《干在实处 走在前列——推进浙江新发展的思考与实践》，中央党校出版社2006年版，第414页。

实现强大资源的整合力、决策执行力和统筹协调力。坚持党管人才，就要明导向、守原则，抓规划、强改革，建规制、促落实，要以人才强国为总目标，以社会需求为导向，制定科学的人才竞争规则，加强人才宏观调控力度和人才管理的能力，深化人才发展体制机制改革，完善具有全面科学的人才制度体系，维护人才竞争秩序，推进人才聚焦的准确化和精准化。

1. 健全党管人才的领导体系。根据我国的实际国情以及党管人才实际运行的成效、面临的问题，解决的有效性来看，党管人才的领导体系需要在这样一些方面进一步强化和落地：在人才工作中充分发挥党委的核心领导作用，确保党的人才工作的各项方针政策得到全面贯彻和落实；党委（党组）书记要带头抓好人才工作，真正做到“一把手”抓“第一资源”；党委领导班子成员可按照分工，抓好分管领域或系统的人才工作；抓紧建立各级党委人才工作领导机构，县级以上地方党委应全面建立人才工作领导小组；担任组长的党委或政府负责同志，要有足够精力抓人才工作；组织部部长担任组长的，要及时向党委和政府负责同志汇报人才工作；政府负责人才工作的综合部门和所属系统人才资源规模比较大的职能部门，可以根据实际需要建立人才工作领导小组或人才工作协调小组等。

2. 提高党管人才的工作力度。当务之急，对党管人才的职能进行适当分解和调整，重点落实“管宏观、管政策、管协调、管服务”四大任务；人力资源管理部门则要加强“综合管理”职能，具体负责各类人才的“引进、培养、使用、评价，流动、激励、保障”等具体工作；职能部门各司其职、密切配合，真正形成“党委统一领导、组织部门牵头抓总、人事部门综合管理、其他部门各司其职、社会各方广泛参与”的党管人才新格局。与此同时，还要加强机构整合力度，建立健全部门间协调配合机制；职能整合后的管理机构，要有利于党管人才原则在组织制度上的保障。此外，强化“一把手”“抓第一资源”的考核机制。①

① 金莉萍：《论提高党管人才原则的执行力度和效度》，《社会科学》2008 年第 4 期。

3. 完善党管人才的运行机制主要就是从科学决策、分工协作、沟通交流、督促落实四个方面健全制度形成机制。要完善科学决策机制，健全人才工作领导小组议事规则和决策程序，对影响经济社会发展大局的人才工作重大事项，要面向社会广泛征求意见并注意听取专家的意见和建议；要完善分工协作机制，明确人才工作主要职能部门的职责，防止职责不清、相互掣肘；要完善沟通交流机制，建议通过领导小组例会、工作联席会等形式，在人才工作推进过程中加强并协调小组与各成员单位之间（包括成员单位之间）的沟通交流，形成齐抓共管、团结协作的工作局面；要健全督促落实机制，善于运用第三方力量评估人才工作；要建立检查通报制度，党委人才工作领导小组可采取年度检查与日常检查相结合的方式，就本地区人才工作的重点任务及其落实情况进行专项检查或全面检查。对于人才工作中重点任务，可以尝试采取专项督查的形式并形成制度，同时加强调查研究和跟踪指导，着力解决人才工作中的重点、难点和热点问题，督促人才工作落到实处。

4. 做好党管人才的顶层设计和战略规划。根据党管人才领导体制的现实运行情况，各地宜结合自身实际，破解人才政策的碎片化效应和行政壁垒对于人才工作的制约作用，发挥党委的权威领导作用。主要包括：要加快建设统一规范的人力资源市场，突破人才之间的身份壁垒，突破人才流动中的制度障碍，使市场在人才资源配置中真正发挥决定性的作用；要改革事业单位“行政化”的人才管理方式，尽量减少人才管理中的行政干预，落实用人单位的用人自主权；还要加大党对人才工作立法的领导力度，建立健全包括国家人才安全、人才权益保护、人才市场管理在内，涵盖人才培养、使用、开发、管理各环节的法律法规，形成有利于人才发展的法治环境，推进人才管理工作的科学化、规范化、制度化、法治化。

（二）遵循人才成长规律，摒弃功利主义人才政绩观

人才个体差异性规律由于受先天和后天因素影响，人才个体在兴趣爱好、自身特长等方面差别较多，人才培养必须尊重每个人的个体差异。孔子早在2500年前就提出“因材施教”的原则，孟子在继承孔子思想的基础上，进而总结出五种因材施教的方法：“君子之所以教者

五：有如时雨化之者，有成德者，有达财者，有答问者，有私淑艾者。”人力资源管理也特别强调根据每个人的自身特点做好职业生涯规划。只有充分尊重人才个体的差异性，才能让人才的潜能不断释放，实现人尽其才。要多为人才搭建发挥专长的平台，通过岗位轮换等方式丰富人才的工作领域，将合适的人安排到合适的岗位上，实现人力资源优化配置。一方面组织要为每个人多创造实践锻炼的机会，从制度上落实“传帮带”的传承机制，让人才在实践中能够得到及时的指导和帮助，让好的传统和经验能够在实践中不断传承和创新；另一方面个人要以积极的心态主动接受锻炼，既要珍惜在基层一线锻炼的机会，重实质、重内容，不搞形式主义，又要认识到实践锻炼不只是在条件艰苦的基层，每一个工作岗位都有实践、都有考验，关键是要用心珍惜每一个岗位，在每一次实践活动中总结反思，既要总结成功的经验，更要反思失败的教训。人才成长过程中，既要把握人才素质的全面性特征，又要尊重个体的差异性；既要激发人才自身的成长动力，又要为人才创造良好的外部环境；既要重视教育的基础性作用，又要通过实践促进人才更好成长；既要对人才的成长充满信心，又要对成长过程中的曲折性有充分认识。

（三）树立全面辩证的人才观念

识人用人要有全面辩证的人才观念，高端精尖的科学家固然弥足珍贵，但是创新改革的企业家、技术精湛的产业工人、能工巧匠对经济和社会的发展同样具有重要意义，任何厚此薄彼的偏见都会让社会经济的发展出现“短板”。人才难得，对管理者而言，更难的是人尽其才、不拘一格的使用人才。“舜发于畎亩之中，傅说举于版筑之中，胶鬲举于鱼盐之中，管夷吾举于士，孙叔敖举于海，百里奚举于市……”“周文王拜姜子牙为相使周室八百年兴，汉武帝用十九岁的霍去病为将而驱匈奴之患”，因而，实施人才战略，识才用才要有全面辩证的观念，对待特殊人才，要不唯身份、不唯资历、不唯学历，要敢于“给位子”“压担子”“铺路子”，让其充分发挥才智，而对于一般性人才，要善于用其所长，充分激发各类人才的创造活力。“智者用其谋、愚者用其力、勇者用其威、怯者用其慎”，开创“人人皆可成才，人人尽展其才”的生动局面，进而实现人才资源的最大边际效益。另一方面，树立全面辩证的人才观念，就是要避免人才观解读的片面化。“成才用才”的成功不仅仅靠抢夺人才，更重要的是要培养人才，建立长效的培养人才的机制，建立选人、育人、用人、留人的行之有效的制度和措施，仅靠特殊待遇和政策的人才争夺战，不仅长期效益不能发挥，短期的成就也未必能实现，弄不好就只是轰动效应，从而影响了人才整体的健康发展。

（四）要视野宽阔，放眼全球、全国、全域选才用才

正如习近平总书记所要求的站在世界之巅开发创新人才，完善创新人才的引进机制，提出要增强人才政策开放度，敞开大门招四方之才。这就需要各地主管领导和部门，要有善于创新开展工作的思维，将人才的引进放到更为全面的战略进行考虑，高度重视人才的适应度，严格防止恶性人才竞争，一地方人才引进成绩以另一地方人才的损失甚至是重大项目的夭折为代价。要坚持竞争激励和崇尚合作相结合，促进人才资源合理有序流动，探索建立人才“绿卡”，加快形成具有国际竞争力的人才制度优势。

（五）要高度重视人才环境氛围

人才工作涉及的事务很多，但主要落脚点是发现、培养、使用好人才。学习习近平人才思想，就是要落实到营造尊重人才、爱护人才、见贤思齐的社会氛围，落实到形成人人渴望成才、人人可以成才的社会风尚，特别是要落实到完善好人才发现、培养、使用的体制机制上来。既要为人才发挥作用创造敬才、重才的社会环境，识才用才的工作环境，也要为人才提供引才聚才的政策环境、优才留才的生活环境，还要为人才提供宽容探索、宽容试错的政治环境，真正营造出全社会爱才、惜才、尊才、护才、用才的浓厚氛围，切实养成识才的眼光、爱才的品质、敬才的风范、育才的本领、用才的胆识。唯有如此才能为千千万万的人才创造施展才华的沃土，让全社会创新创造的源泉充分涌动。我们今天面临的人才竞争不是单位之间、地区之间而是国家之间的全球性竞争，要从国家战略上谋划人才工作、人才保障。要完善激励措施，提供人才成长空间，搭建事业平台，在政治上充分信任、工作上大胆使用、生活上真诚关心、待遇上及时保障，“多为他们办实事、做好事、解难

事”，切实“增强大家的事业心、归属感、忠诚度”，让人才有获得感。

（六）人才的引进要和地方经济发展的战略紧密结合

地方政府或高校出台的引人、用才等举措，要突出地区经济社会发展需求导向，要紧紧围绕着地方的需求来制定政策，做到人才的引进与本地区发展战略、产业结构调整和布局同步谋划、同步推进，这样才能够实现人才的发展和经济社会发展的深度融合。同时，还要坚持政府和市场两方发力，政府为人才引进搭台，用人单位发挥在人才培养、引进和使用中的主导作用。不论是地方还是高校，在引才过程中都应提高站位，从全局发展来考虑，从长计议、高瞻远瞩，既要求贤若渴、举荐人才不拘一格，也要多元多层释放人才活力，使人才各尽其能，造就人才工作生动局面。

第三节　激发和贯彻主体间性理念

由于自我管理既有个体性，也有组织性，因此，自我管理的目标也既有个体性又有组织性。一方面，自我管理是实现个体目标的实践活动，个人自我管理要实现私人领域的自我管理目标；另一方面，个人自我管理也要实现组织公共领域分摊给个人的具体任务和详尽目标。同时，自我管理也是实现组织目标的实践活动。一方面，组织目标建立在每个员工的个人目标的实现基础上。没有个人目标的实现，组织目标的实现就成了无源之水、无本之木。在这个意义上看，个人目标与组织目标具有一致性；另一方面，团队自我管理是实现个人目标与组织目标相统一的组织保障和有效路径。自我管理型团队是沟通个人目标和组织目标从而实现三者双赢的桥梁。

在不同的社会文化中，人们认知和理解个人目标与组织目标相统一的观点会有差异。“在个体主义社会，管理就是对个体进行管理，在集体主义社会，管理是对各个群体的管理。”[①] 相对来说，生活在集体主

① ［荷］吉尔特·霍夫斯泰德、格特·扬·霍夫斯泰德：《文化与组织：心理软件的力量》，李原等译，中国人民大学出版社 2010 年版，第 105 页。

义社会中的个体，比生活在个体主义社会中的个体，更容易认知和理解个人目标与组织目标相统一的道理。

当然，即便在个体主义盛行的美国社会里，许多自我管理理念和模式都体现了个人目标与组织目标的统一。目标管理注重管理行为的结果，而不是对行为本身的监控。它授予员工通过自我管理实现组织目标和个人目标的权力，作为一个有自由意志的人，员工是自己决定必须做的工作，而不是由别人逼迫去工作。这必然有助于员工积极性和创造性的发挥，也有助于员工个性的充分发展。

任何组织都希望能充分发挥员工的积极性和主动性，能有效协调员工个人目标和组织整体目标的关系。目标管理使组织目标成为每一个自我管理者的目标，它用更严格和更有效的内部控制代替了外部控制，它使每个人都意识到他之所以行动并非出于被迫，而是基于自己的内在需要。目标管理成功地将组织目标转化为个人目标，它将提高组织效率和实现个人价值有机统一了起来。这有助于激励员工发挥个人的潜力，保证组织与员工之同的和谐发展。

为了确保个人的自由，目标管理从整体上融合每个人自觉的努力，即每个人可将与整体目标直接相关的局部目标作为个人目标。在尽可能的情况下，赋予每个人更大的自由决策和承担责任的机会，并使每个成员通过比较目标与工作成果，进行自我评价和自我控制。当员工的个人目标与组织目标得以统一后，他们就有一种神圣的使命感和责任感，主动加入到团体中并与他人进行协作以取得更大的绩效。

基于上述分析，在自我管理的实现路径中，主体间性的思维逻辑及对主体与客体的判断，将有利于我们积极响应人才发展要求，激发人才发展内生动力。

一　主体间性的概念

主体间性（Intersubjectivity）是20世纪西方哲学中凸显的一个范畴。它的主要内容是研究或规范一个主体怎样与完整的作为主体运作的另一个主体互相作用的。在金炳华《哲学大辞典》中对主体间性的概念是这样定义的："作为自为存在的人与另一作为自为存在的人的相互联系和和平共处……主体间性不仅是个人的，因而人在我思中发现了自己，也发现了他人，他人和我自己的自我一样真实，而且我自己的自我也是他人所认为的那个自我，因而要了解自我就要与别人接触，通过他人来了解自己的自我，通过我影响他人来了解我自己，因而把这种人与人相互依存、相互体认、平等相处的关系称为主体间性的世界。”①

从笛卡尔以来，哲学家们一直绞尽脑汁去解答，主体是怎样认识客体的问题，而对人与人之间的交往方式与沟通方式却一直重视不够。20世纪特别是第二次世界大战以后，科学技术革命以及随之而来的信息传播和交流手段的发展，力图理解和解决威胁整个世界和人类种种危机的根源的努力等诸多因素，都使对话和交往成为当今世界的中心话题。在这种背景下，哲学家们开始提出一个更本质和更难以解答的问题，即一个主体怎样与正是作为主体的另一个主体的相接触、相作用的。因此，主体之间的关系问题就以一种十分特殊的方式成了当代哲学的一部分，美国人穆尼埃说：“古典哲学常常令人奇怪地对这个问题置之不理”，如果你数一下古典哲学研究的主要问题，你会看到这些问题：认识、外在世界、自我、灵魂与肉体、心灵、上帝和来世。在古典哲学中，与他人的关系所产生的问题从未获得与其他问题同等的主要地位。

康德曾认为，“如果某个事物对任何一个有理性的人都是合理的，那么它的根据就是客观的和充分的”。在这里，主体之间的一致性就表现为知识的客观性，科学陈述的客观性同时就在于它们能够被主体间检验，事实上，主体间性作为一种调节原则和规范久已存在于科学认识活动中：一个陈述只有原则上可以为科学家们相互理解和检验，它才是科学上有意义的陈述所指向的事实，只有对任何合格的观察者来说都能在标准条件下重复出现，才是真实可靠的，主体间的可交流性和可相互检验性乃是实现科学客观性的认识论条件。正因为如此，主体间性问题包括知识的客观性问题，波普尔认为，客观性是由主体间的社会传播和批判机制来证的；普特南主张，把客观性定义为一种依赖于我们的生物学

① 金炳华：《哲学大辞典》（修订版）下，上海辞书出版社2001年版，第2036—2037页。

和文明的“理性的可接受性”“对于人类而言的合理性”；罗蒂提出“客观性是一种协同性”，所有这些思想都试图用一种主体间性对知识的客观性作出更深刻的理解和把握。

马克思主义哲学认为，人们在交往和合作的一定形式的范围内所进行的实践活动乃是人类全部历史的真正基础；认识关系的基础不是人同自然之间的天然的相互关系，而是社会关系和社会联系的整个体系；主体对客体的认识总是在社会机制（社会关系系统、交往形式系统、主客相互作用的中介系统—工具系统和语言符号系统等）作用的范围内展开的。因此，主体在实践活动中的实际相互作用的主体间性，相对于认识过程结果和形式中的主体间性来说，在本源上是第一性的，简而言之，认识论层面上的主体间性根源于哲学人类学层面的交往实践。在《1844 年经济学哲学手稿》中，马克思将劳动、实践视为“自由自觉的活动”，这是人的“类本质”，也是创造世界历史的基础：“全部所谓世界史不外是人通过人的劳动的诞生”过程；在《关于费尔巴哈的提纲》中，马克思指出：人的本质并不是单个人所固有的抽象物，在其现实性上，它是一切社会关系的总和，马克思的这两个基本思想是内在统一的，实践本质上是交往的，实践本身“是以个人之间的交往为前提的”；反之，社会关系和社会生活在“本质上是实践的”，“实践”与“社会”互为表里、相互规定。全部社会生活本质上是实践的，实践又是社会历史的实践，是结成一定社会关系的人们的共同活动，没有实践的社会关系和没有社会关系的“抽象”实践都是不存在的，而将实践活动与社会交往在模式上统一起来，只能合理地界定为交往实践。从交往实践决定人的存在形式来看，主体是一个复合系统，它包括人的社会和社会的人以及它们之间的诸多相互作用关系。

在现代哲学的发展中，特别是从海德格尔开始，主体间性具有了哲学本体论的意义。主体间性的根据在于生存本身。生存不是在主客二分的基础上进行的主体构造和客体征服，而是主体间的共在，是自我主体与对象主体间的交往、对话。在现实存在中，主体与客体间的关系不是直接的，而是间接的；它要以主体间的关系为中介，包括文化、语言、社会关系的中介。因此，主体间性比主体性更根本。主体间性理论的提出，既否定原子式的孤立个体观念，也反对社会性对个体性的吞没，它反映了主体与主体间的共在。主体既是以主体间的方式存在，其本质又是个体性的，主体间性就是个性间的共在。海德格尔指出："由于这种有共同性的在世之故，世界向来已经总是我和他人共同分有的世界。此在的世界是共同世界。'在之中'就是与他人共同存在。他人的世界之内的自在存在就是共同存在。"①由此可以看出，主体间性并不是反主体性，反个性的，而是对主体性的重新确认和超越，是个性的普遍化和应然的存在方式。

从本体论意义上对主体间性展开研究的主要是现象学和诠释学。胡塞尔的现象学试图通过所谓"现象学还原"，对认识本身进行批判性思考，以回溯一个绝对确定的"纯粹的先验自我"。这种唯我论存在内在的冲突：先验反思要求消除任何其他东西的预见性，但认识要达到真实和客观有效，就必须是普遍的、无限的，它要求在任何具有理性基础的主体那里得到保障；而且，先验主体不得不把自己看作包含在世界中，而这个世界是一个主观间的共同世界；其他具备全部个性的主体如何既能够在"我"的意识中构成又实在地有别于"我"。为了解决这一矛盾，胡塞尔在本体论的基础上，以先验主体论为前提，提出基于现象学间的主体间性概念界定。在他看来，存在一种普遍的自我或自我的共相，"我"通过意识活动发现并理解了其他自我的存在，意识经过自我异化或自我外化的嬗变，把最初的"我"外化为了"他"，从而导致不同的"我"的增加，结果便是一种复杂的其他自我的共同存在，并且在其他人中间，我被其他人视为他人。胡塞尔的主体间性是一种"我"与"我觉察到、认识到的我"的一种主体间共同存在的关系。因此，在胡塞尔这里，主体间性更多是证明了自我论倾向的论述体系。

相比胡塞尔，宗教学家马丁·布伯在《我与你》一书中对主体间性理论进行了更为深刻的探讨，在该书中他挑明了世界的二重性和人生的二重性，区分了"我与他"和"我与你"两种哲学范畴，"我与他"

---

① ［德］海德格尔：《存在与时间》，陈嘉映等译，生活·读书·新知三联书店 1999 年版，第 138 页。

筑居经验世界，为了自我生存及需要，必须把周围的其他人都当作与“我”相分离的对象，通过获取他们的经验为我所用，得以生存，故这是与自然相分离的阶段。“我与你”身处关系世界，在这个世界我们相遇，我影响你，你作用于我，互相成就，我与你彼此全身心的交付，在这个世界中我与你是自然融合的。在布伯看来，“我与你”之间的关系很纯净，既超越时间，又羁留于时间“人无‘它’不可生存，但仅靠它则生存者不复为人”。①

海德格尔对主体性哲学给予了猛烈地批判，他认为从笛卡尔到康德，在理论核心中都隐藏着主体性概念，并以一种本体论意义上相互冲突的方式把“我”作为一个主体来看待。他认为，西方哲学是其形而上学的产物；而形而上学的思维方式又以主体—客体的对立为标志；换言之，将整个世界看成是客体或现象的集合，而将人之心智或意识作为观察者独立于其外。海德格尔指出：“人从来就不是简单地或原初地作为具体主体与世界并列，无论人是单个或群体，都是如此。他原则上不是一种其本质存在于主体—客体关系中的意向地指向客体的（认识论的）主体。相反，人在本质上是首先存在于存在的开放性中，这种开放性是一片旷野，它包括了主体—客体关系能呈现于其中的‘中间’地带。”显然，海德格尔的努力旨在不否认个人的主体性的同时，而解开胡塞尔先验现象学的矛盾。

以伽达默尔为代表的当代哲学诠释学以独有的方式考察了主体间性，他认为胡塞尔等人之所以困扰于先验主体，是由于他们持有一种本体论方面的偏见，即把“他人首先理解为知觉对象”，而没有揭示生活概念的潜在根源。在伽达默尔看来，世界是我们通过语言和交流的合作而生存于其中的构架，实践则是一种“参与和分享”，一种与他人有关并依据活动共同决定着共同利益的过程。这些“对话”“原初性理解”“谈话集体中沟通彼此的主体间性”等方式支持着我们的生存，也支撑和构造着人类行为的实践理性。显然，在伽达默尔那里，胡塞尔基于先

---

① 祝苗苗：《关于构建人类命运共同体的主体间性的思考》，硕士毕业论文，2019年5月。

验主体所猜测的那种互为主体性，被还原到了历史过程的实践行为之中。当代诠释学旨在阐明“适于表达作为一种交往过程的理解”的最本质的内容，而理解只能在语言中完成。因此，掌握一种语言、参与一种交谈，本质上就是接受一种生活方式。通过富有成效的对话，人们得以形成普遍的尺度和共同视野。当代诠释学对理解的重新解释，揭示了这样一种实在：主体彼此在互动行为中，服从于维持和扩展主体间的相互理解和可能行动的一般性规则，以及它们所内涵的意义和价值。在这一过程中，意义理解的方向是根据来自传统的自我理解的框架，去实现行动者之间的可能的一致。

简言之，当代哲学转向对语言、对话、交流、理解以及人类活动的关注，并由此导致认识论哲学在理性观、真理观等方面的共同探求，正是由于当代社会生活中出现的各种新问题令主体性哲学尴尬，而主体间性的出场则是哲学对现实挑战的回应。它反映了当代哲学发展的一般倾向：回到生活，回到实践，回到现实，回到人的真实生存本身。

主体间性概念的提出，使得社会科学在认识论方面出现了重大的转向：从关注主体性和认知上的“主体—客体”关系转向关注主体与主体之间的关系，进而把人类认知的对象世界，特别是精神现象不再看作客体，而是看作主体，并确认自我主体与对象主体间的共生性、平等性和交流关系。主体间性的认识论哲学也改变了“存在”这一哲学范畴的基本内涵。它认为“存在”不是主体性的，也不是客体性的，而是主体间的共在。传统哲学的“存在”范畴或是客体性的或是主体性的，都不能摆脱主客对立的二元论。主体间性作为本体论的规定是对主客对立的现实的超越。

就本文所关注的研究对象而言，主体间性所形成的认识论，对于人才管理与发展的启发在于，各项有关人才的资源要素供给与整合，不仅要有效反映了个体行为与群体维系的内在机制，也要提供个体互动从而保持群体存续的行为规则结构。在主体行为与知识传统之间，能够充当桥梁的介质，恰好就是规约人类互动行为的规制和制度。因此，我们可以认为，正是主体间性的关系场和认识论前提才引致了制度的产生，在进行人才管理、人才发展的制度设计中，从这样的关系场和认识论角度出发，建构能够激发人才这一主体的积极性的各项措施体系与环境氛围，当是引入主体间性思维认识与实践的目的所在。

二 主体间性管理模式特点与架设

"管理思想中的时代从来不会在某一年份截然地开始，理论研究是以一定的世界观为基础的，我们对世界的看法发生了变化，除非我们具备了恰当的世界观，否则我们就不能有效地应对变革。"[①] 当前，主体间性思维越来越被社会所关注，主体间性管理范式逐渐凸显，并日益成为管理现实。作为诞生于主体间性哲学基础上的主体间性管理范式相较于主体性管理界限分明的上下级关系和严格的管理与被管理，服从与被服从的管理实现方式，主体间性管理范式是管理范式的一次飞跃，更加关注平等、对话等民主的人际关系对于管理实践的贡献，它的主要特点贾利军、李金生、李晏墅等在其文章《从主体性管理到主体间性管理——管理范式的后现代转型》文章中作了如下几个方面的归纳。[②]

一是主体间性管理完成了从精英治理型人际关系到圆桌会议式人际关系重塑。在主体间性管理模式下，组织内部的人际关系等级、层级化色彩逐渐淡化，取而代之的是平等话语权背景下的对话、共商模式。这一现象的出现首先是因为传统科层制人际关系的基础正在发生改变。在这个时代，人既是知识的客体，又是知识的主体，不是一个受压制的存在物，是一个在科学规诫机制中被积极地构筑的存在物。[③]

二是在主体间性管理语境下，管理者不再扮演"专家"的角色，而是发现人才、培养人才、聚集人才的角色。与传统的"学而优则仕"的管理选拔模式相比，资讯异常发达的后现代社会里，独立个体的知识域很难承担起复杂经营背景下的组织管理任务，需要群策群力才能达成

---

① ［荷］亨克·傅博达：《创建柔性企业——如何保持竞争优势》，项国鹏译，北京人民邮电出版社 2005 年版，第 10 页。

② 贾利军、李金生、李晏墅：《从主体性管理到主体间性管理——管理范式的后现代转型》，《江苏社会科学》2010 年 1 月。

③ Foucault *Michel*, *Discipline and Punish*, New York: Vintage Book, 1979.

既定目标，所有的参与者都是平等主体，他们分别从各自不同领域贡献自己的才智，更多的是扮演了召集者和组织者的角色。所有人更多是分工的不同，权威建立在专业认知与综合判断、分析的能力基础上。领导的工作不是依靠行政命令给下属和员工下达工作指令，而是“热衷于事业、发现人才、培养人才，他们是啦啦队长”[①]。

三是从程序性管理向文化型管理转型。程序性管理模式在组织发展的初级阶段是必须经历阶段，目的在于对个体的规则意识等进行培养和塑造，便于新生的组织克服旧有的束缚和个体对新生组织要求的适应。

随着新生组织的成熟和新生个体的适应，管理弹性逐步加大，对于个体活动的过程要求和组织的整齐划一性要求不再像程度性管理那样严苛，基于目标成果导向的组织目的，与个体的成长需求逐步结合起来，进而形成一种自觉的管理到服务的转变，组织的文化更多体现包容与多元，组织的规则成为内在的约定，这对于人才的创新创造来说，非常有益。组织内部、组织之间、作为“主体—主体”的关系在个体成长中伴随着文化的交往和沟通，其发展程度也有赖于文化的成熟程度。由此，不难发现，在人才的个性、创造性释放过程中，将是管理模式的彻底转变。而管理的方式，应主动适应这样的转变，才能为人才的发展提供良好的发展土壤，同样，人才的自我管理的加强，也将必然推动组织的变化，管理的转变。

第四节 创设四维要素融合推进机制

构建良好的人才发展环境，需要多方面的努力和协同，基于自我管理的架构，在推进人才方面，需要从个人维度、组织维度、社会维度、文化维度进行通盘考虑，才能真正建立起有效地促进人才发展体系。对此，作者提出如下设想。

---

① ［美］汤姆·彼得斯、南希·奥斯汀：《追求卓越的激情》，张秀琴译，中信出版社2003年版，第327页。

一　个人维度

（一）为人才提供开放、灵活、自主的环境

个性的自由发展是人才成长与发展的前提。人才进行创造性思维活动的特点，决定了其劳动过程可能发生在每时每刻和任何场所，固定的劳动规则会限制人才的创造性活动。因此，人才一般拥有较强的独立自主性，在组织中也往往表现出较高的自我管理能力，并且工作成果常常以某种思想、创意、技术发明、管理创新的形式出现。他们向往拥有一个灵活的组织和自主的工作环境，关注工作场所、工作时间的灵活性以及宽松的组织气氛，强调在工作中自我管理，愿意尝试各种可能性。因此，在组织中需要强调创新人才内在的自由，创造适合人才充分发挥才能的宽松条件，营造自主、自由、轻松的创新环境，在环境中预留更多个人发挥的空间。转变对人才岗位职责的硬性规定和量化的评价标准，探索多种激励手段，形成适合不同人才发展的各种激励途径。

（二）激发人才获得事业感和成就感

人才具有实现目我价值的强烈欲望，在一定的物质需求得到满足后，他们往往产生了更高层次的需求。与一般人员相比，他们更重视创新活动带来的满足感、成就感，在意并强烈期望得到社会的承认与尊重。因此，需要组织强化创新激励机制，设计一些挑战性的项目，使人才获得新的事业感、成就感，让事业激励成为人才的长期追求。提供人才成长和晋升的通道，建立和完善以“平等竞争、择优录用”为原则的任用和升迁制度，使人才获得发挥自己专业特长和成就自己事业的机会，以不断创新的组织战略和奋斗目标激励人才。

（三）改善人才健康政策

设立人才健康改善基金，为人才健康改善工作提供资金保障；设立体育健身俱乐部，每年组织丰富多彩的体育健身赛事；建立心理咨询服务机构，开设心理咨询服务热线，为人才提供心理咨询服务；开辟高端人才优诊医疗绿色通道，每年组织高端人才进行健康体检，为高端人才建立个人健康档案，积极开展个性化医疗咨询和跟踪服务；建立高端人才疗养制度，每年组织贡献突出的高端人才休假疗养，允许高端人才自

主选择学术交流、培训进修、合作研究等形式进行学术休假；用人单位应主动关心高端人才的身心健康，为高端人才健身、疗养创造条件。

通过塑造良好的外部环境，在社会内部以制度、文化、道德等形态表现自然界繁荣的目的，将社会融于自然之中，在自然的大系统下维系社会小系统的良性运行，并内化为人的属性，表现在人的自然性、社会性、实践性、价值性上，最终达到人与自然的高度统一。社会要表现自然界的繁荣需要理念的支撑，即发挥人类“善”与“大爱”之精神，以“仁爱”之心对待人即为“善”；以宽广的胸襟对待万事万物即为“大爱”。“善”与“大爱”既包括社会中的人也包括自然界中的生物，以“善”和“大爱”为人类社会的最高行为准则。实现这一最高准则的现实路径就是通过制度约束、文化熏陶、道德重建，创造良好的社会氛围；以制度、文化、道德的善与爱诠释人的社会存在。

将融合“善”与“大爱”的人类社会置于自然界大系统中，就会自然地形成社会与自然界的有机融合，实现人与社会的高度统一。共产主义是私有财产即人的自我异化的积极的扬弃，因而是通过人并且为了人而对人的本质的真正占有；因此，它是人向自身、向社会的合乎人性的人的复归，这种复归是完全的、自觉的和在以往发展的全部财富的范围内生成的。经历过良好外界环境洗礼并内化为人的属性的人，才是真正具有人性的人，同时这种人性的回归是自觉的，是人类对外部环境与内部属性有机结合的过程，是通过对自身改造产生的。马克思认为在人类社会发展的初级阶段，整个人类和每个个人都依赖于自然和社会环境，而在高级阶段则摆脱了对这两方面的依赖，获得了独立自由的发展。那么，当人类自己真正改变的时候，自然界会发生改变，反过来会促进社会更加文明，新的文明形态必然诞生，人的本质会在人与自然的和谐交流中实现，社会才可能成为一个真正开放的系统，融入自然的大系统中去，实现人与自然交流有序循环的理想情景。这个领域的自由只能是：社会化的人，联合起来的生产者，将合理的调节他们与自然之间的物质变换，把他置于他们的共同控制之下，而不作为盲目的力量来统治自己；靠消耗最小的力量，在“适应”的人与自然和谐共生的氛围下实现物质变换。自然的繁荣在人类产生之后必须依靠人类来实现，人是社会的责任主体也是自然的责任主体，人的本性就是要在无损于自然的繁荣和社会的文明与进步的前提下充分发扬，此时，人就是自然中的人，自然是社会中的自然，二者相互融合，实现人与自然的高度统一；同时，人性被充分的展现，成为全面而自由的人。

二 组织维度

人才资源是一种特殊的资源，在其配置过程中同样需要“使市场在资源配置中起决定性作用”。目前，人才管理中出现了市场功能与政府职能错位等一系列问题。实际运行中的主要表现有：符合人才市场自身规律的经常化、制度化、规范化和系统化的人才管理办法与实际脱节；人才管理政策的制定和实施各自为政、政出多门的现象较为普遍；人才中介市场的区域割据现象较为突出；等等。针对这些问题，要改革传统管理方式，健全以市场配置为主导的多样化人才管理与服务体系。譬如，新加坡经济发展局和人力部共同成立的“联系新加坡”（Contact Singapore）就是这样一家类似于新加坡国家猎头公司的机构，主要目的是吸引国际人才到新加坡工作、投资和生活。政府的职能是提供政策性指导和制度上的帮助，市场则在人才认证和适用度方面（包括工资和待遇）提供直接的意见。欧洲各国注重把市场机制引入人才管理中，实行目标管理，注重绩效为主的人才评估方法，把对人才的管理逐步改变为对人才的服务。英国甚至将这种服务作为一种公开的承诺并实现制度化。这种将政府和市场的力量有机结合并以市场为主导的做法，值得我们在人才管理与服务中大力借鉴。

人才服务作为一种私人产品，其对象是已就业但需要更有利的发展空间的人才，它需要按市场化方式来加以运作。要积极推进政府部门所属人才服务机构、科技中介机构的体制改革，大力开发公益性人才服务项目，面向社会提供人事代理、就业保障、公共培训、选拔推荐、人才派遣、政务办理等公共人事管理和人才资源管理服务。尤其要健全创业服务体系，为创业者提供项目信息、政策咨询、开业指导、融资服务、人力资源服务和跟踪扶持等。同时，还要构建多层次、多元化的人才资源服务机构集群。

（一）建立高度专业化的人才管理体系

要建立职责分工明确、管理流程顺畅的专业化人才管理组织架构，明确政府、企业、市场在人才管理运行中的职责和角色定位。政府人才管理机构定位于人才管理的宏观调控，其职能主要包括战略管控职能、政策引导职能、市场调控职能、资源整合职能、信息服务职能、环境建设职能等，而专业化的人才管理组织架构有助于实现以人为本、以市场为导向、政府机构提供服务的人才管理模式。要实现政府对人才管理的宏观调控与科学决策，还必须搭建完整的人力资源管理技术支撑系统，在人才管理的机构整合和流程再造的基础上，充分实现人才管理信息资源的互联互通和有效利用。当今时代，大数据和云计算为信息技术在人才管理中的运用提供了技术平台和无限的潜力，同时也为人才管理方式的变革提供了广阔空间。因此，有必要充分发挥信息技术整合人才管理系统的优势，实现人才管理技术支撑系统的数字化运转，为人才管理信息资源有效而科学的运用提供平台。所有这些，都值得我们在人才管理体制的变革中加以借鉴。

（二）创建具有人文关怀的人才管理文化环境

目前，我国人才管理的硬件设施并不滞后，某些方面甚至要优于发达国家，短板是体现人文关怀的人才管理文化环境比较匮乏。长期以来我们的发展往往“见物不见人”，比较注重经济发展的数字指标，忽视了创造并支撑这些数字指标的人才的全面发展，包括他们的人文需求。人才管理范式中的人文学观点，值得我们在创建人文关怀的人才管理文化环境时予以充分借鉴。人才管理软环境的创建，并非仅仅造就适宜于人才创业、创新的小气候。人总是社会的人，他（她）总是试图突破结构所施加的种种限制，力图在改造自然、改造社会和改造自我的历史进程中，成为一个全面发展的大写的人。因此，政府在构建人才管理的软环境时，要特别注重人才管理方式的以人为本，体现人才政策和法律法规导向中的社会公平与正义。

在人才国际化趋势加剧的今天，人才流动导致了不同文化与价值冲撞，如何在人才管理中实现各类人才的“各美其美、美人之美、美美与共、天下大同”，将成为一个极具挑战性的课题。在制定人才管理政策法规时，为人才管理注入人文色彩、人文关怀和人性滋养，在资本逻辑甚嚣尘上、个人需求日益凸显的当今时代显得尤为重要。

（三）加强人才管理的法治建设

我国现有的人才政策法规体系，主要由法律、法规、规章、规范性文件等构成。具体来说主要包括：一是全国人大或人大常委会根据人才发展面临的某些亟待解决的重大问题，制定颁布的与人才相关的各种法律。二是国务院根据不同历史阶段人才工作的新情况、新问题，制定、发布的各类与人才工作息息相关的行政法规。三是由国务院所属部委根据本系统人才发展与改革的要求制定和发布的各种部门规章。四是国务院所属部委下属的相关部门，根据人才发展的一些重点和难点问题，制定的规章制度。在现代社会治理背景之下，做好人才的管理和培养、引进工作，就必须加强对人才政策法规的统筹整合和有机衔接，破解人才政策法规“碎片化”问题，建立健全人才政策法规体系。

要改善并解决上述“碎片化”格局，可以采取以下举措：其一，制定统筹全局的人才基本法。改革开放以来，国家制定出台了多部与人事人才工作相关的法律、法规、政策、文件等。但是，我国人才管理法治建设的最大问题是缺少一部专门法，大量的法规政策停留在规章层面。制定这样一个统揽全局的人才基本法，以后无论是全国人大、国务院还是地方政府制定和发布人才类的法律、法规、规章和地方性文件就将有一个基本的立法依据。其二，对既有的、行之有效的人才政策法规进行梳理和整合。现有的人才政策法规虽然具有极强的地方色彩，却有着不少共同的精神。对行之有效的人才政策法规进行梳理和整合，有助于克服各自为政、各自为战的人才建章立制局面，避免重复劳动，也有利于消除相互打架、互挖墙脚的现象。其三，制定针对各类人才队伍的人才法规体系，可以通过选择一到两类具有较好基础的人才队伍进行试点，形成完善的专门化法律体系，逐步探索经验并进行总结推广。

（四）加强人才资本投入，减少人才流动限制

组织之间针对人才的竞争，为人才的流动提供了宏观需求。人才因为占有特殊生产要素，富于才智，精通专业，而且有能力接受新工作、新任务的挑战，拥有很大的职业选择权。人才出于对自己职业感觉和发

展前景的强烈追求，流动意愿强。一旦现有工作没有足够的吸引力，或缺乏充分的个人成长机会和发展空间，他们会很容易地转向其他组织，寻求新的职业机会，流向能更好发挥自身潜能、实现自身人生价值的地方。因此，一方面，组织要加强人力资本投资，加大人才培训和再教育投入，促进建立学习型企业组织结构，提高人才的凝聚力，提高双方的共同预期，增强组织稳定性。另一方面，一定的流动性也是加快人才成长的重要方式。在区域创新网络中，人才的流动性与学习交流的频繁性激活了资源，提高了知识技术转化的效率以及技术市场化过程中成功的可能性。因此，要尽量减少对人才流动的限制，对人才的“跳格”行为给予足够的鼓励与宽容。

（五）优化人才社会保障措施，完善人才激励政策

在人才社会保障方面，要健全现有的人才社会保障体系，扩大保障范围，优先将各领域的高端人才，尤其是海外高层次人才纳入社会保障体系；建立专门的系统或部门协助高端人才解决社会保障政策与实施方面的疑问和困难，提高社保的服务质量。

第一，以组织未来的发展前景与个人未来的发展空间激励人才，把组织的发展成长过程与人才的发展规划有效地结合起来，建立通达的人才提升和发展机制就是对人才最有效的激励手段。针对不同的行业和领域，组织选拔对区域发展建设作出突出贡献的高端人才进行表彰和奖励，对于成功入选的高端人才予以奖励，激励其更好地投身工作，对未能入选的高端人才也能起到督促与引导作用。

第二，适当提高待遇水平，建立绩效工资制，政府、用人单位与社会组织结合在一起，用物质激励高端人才。开展优秀单位、优秀团队、优秀人才评选表彰活动，每年对企业、人才进行评优，对优秀组织、优秀团队、优秀人才给予相应的物质奖励，并进行宣传报道，扩大影响力。

第三，组织梳理规范各项规章制度，提高对人才的重视感。外界对自我的尊重来源于地位、声望、荣誉或一种良好的相互尊重的人际氛围，应努力营造这种氛围，帮助各类组织形成管理人员和员工之间的良好合作关系。

第四，组织建立科学的绩效考核体系，合理确定人才的薪酬结构，树立现代薪酬管理理念。在管理绩效方面，逐步从传统的工资管理转变到现代的薪酬管理，即从收入分配制度向人力资源投资理念转变。领导者和管理者就必须学习掌握企业薪酬理论、薪酬设计、薪酬政策、薪酬体系的有关知识和国外优秀企业薪酬管理的先进经验及方法，发挥民主协商、专家咨询、个案谈判等薪酬设计模式的优点，建立科学的薪酬管理体系。

（六）落实人才创业扶持政策

从创业融资、创业服务、创业集群、创业教育和创业文化等方面完善我国创业政策体系。首先，根据经济社会发展现状，优化企业开办政策，对能够集聚人才队伍、形成产业链与要素市场、对经济社会带动作用大的企事业单位，积极进行政策扶持，减少落户约束。其次，创业型的高端人才最迫切的需求是资金上的扶持，可以制定不同的标准与等级，分层次地实行银行担保、贷款贴息与税收减免等政策，支持企事业单位不断做大做强。最后为高端人才提供工作便利与交通便捷的办公场所和创业环境。尤其是注重产业链与集聚效应等的营造，为创业高端人才提供宽松的成长环境。鼓励团队化回国创业，可以采取财政扶持、政策优惠等措施，通过引进一个拔尖人才、领军人才，带来一个创业团队，带动一个产业的发展。成立园区创业园，搭建国际人才来园区创业的平台。完善对归国创业的留学人员孵化政策，对技术含量高、发展前景广、确需长期孵化的项目，通过专家认证评估后，应准其延长孵化时间并增加科技研发费用。

（七）做好人才培育政策

一方面，要加快本土人才国际化步伐，在沟通交流中培养、引导和鼓励高等院校、科研院所、企业跨国跨地区开展学术交流和项目共建，推动人才参与国际前沿科学和应用技术研究，促进各类人才融入国际竞争；另一方面，拓宽人才国际化平台，在竞争使用中培养、发挥当地经济优势，吸引跨国公司、国际组织总部落户，延伸和拓展人才参与国际竞争的渠道，培育具有品牌效应的国际人才中介服务机构，建成比较完善的国际人才市场。重视对人才的培训和教育，建立人才终身培训机制，资金上予以保证，完善人才开发政策。

加大政府职能转变力度，深化人事改革，提高政府人才服务工作的质量和效率，实现人才流转通道的畅通。创造高度开放与包容的社会环境，积极发挥当地在教育与科研体系、薪资待遇及生活条件等方面的优势，为个人成才创造广阔的空间与机遇。完善党政机关、企业、事业单位人才流动办法；建立区域紧缺专业高端人才交流合作机制；建立人才资源公共信息服务体系，形成社会化开放式的人才市场信息和公共政策信息共享机制以及服务全社会的、动态的人才信息体系；鼓励、支持各类人才协会、学会的发展；人才协会接受政府人事部门指导，定期组织有关专家对人才工作的重点、热点、难点问题进行战略性和前瞻性的研究；组织人才协会会员积极向有关部门举荐人才，促进人才脱颖而出。推进人才市场体系建设，建立以市场机制为主导，政府部门宏观调控、市场主体公平竞争、行业协会严格自律、中介组织提供服务的人才流动机制。整合各类人才市场和劳动力市场，建设统一的人力资源大市场，为人才自由、有序流动创造良好环境，加强政府对人才流动的政策引导，建立人才合理流动的调控机制，推动人才分布结构与经济发展方式和产业结构优化升级相适应，与区域发展和主体功能区开发相适应。建立并完善适应市场要求的人才流动机制，真正做到“用人主体通过市场自主择人，人才通过市场自主择业”，增进人岗匹配度，真正做到人尽其才、人尽其用。进一步完善增进人才流动的各项配套政策和措施，为人才流动形成机制依托，使各项人才工作真正落到实处。

三　社会维度

（一）凝聚人才第一资源共识

引导全社会树立科学的人才观，人才是第一资源，人才即效益，人才更是发展资本。处理好“远”与“近”的关系。人才工作因其长期性与战略性，必须统筹兼顾，既要立足当前，又要着眼长远。从中期来看，要落实科学人才观，根据经济社会发展的实际需要，分类别制定切实可行的人才发展规划，健全人才工作组织体系，形成人才方略总体框架，落实党政一把手抓第一资源责任制，建立充满生机和活力的人才工作政策机制。从近期看，要克服“见物不见人”和“重使用，轻培养”的倾向，应围绕地区特色产业，重点抓好创业创新人才培养，大力培养经济发展重点领域急需、紧缺的专业人才，不断提高实用技术人才培养的数量和质量，创建专业科研平台，增强自主研发能力，助推产业与技术的有机结合，形成一个产业一个创业群体支撑、一个企业一个技术队引领的良好局面。政府要做好人才的引进、组织、服务等工作，工作要做到位，但不能越位，更不能代行企业职能。政府激励政策必须以项目为载体，完善人才流动机制，探索柔性引才的新方法、新途径，建立健全产学研融合机制，努力营造有利于人才创业创新的良好环境，形成集聚人才、吸引人才、留住人才、激发人才活力的良好氛围。

（二）树立人才优先发展理念

科学发展观的第一要务是发展，要不断解放和发展社会生产力，提高发展质量和效益，实现又好又快发展。人才作为先进生产力的代表者和科学技术的主要承载者，在推动经济发展和社会进步中，始终起着最关键、最直接、最根本的作用。通过确立人才优先发展战略布局，发挥人才的支撑和引领作用，以“第一资源”推进“第一要务”，实现经济社会科学发展。做到“四个优先”：一是优先开发人力资源，大力引进人才、培养人才、用好人才。确立人才资源开发相对于物质资源、环境资源、资金资源等其他各方面资源的优先地位。二是优先调整人才结构，确立国际化、高端化人才发展导向，加强国家级和省级人才创新创业基地建设，加大企业、科技、文化创新团队建设，推进院士工作站、博士后科研工作站和专家工作室建设，创新产业人才集聚区建设，以谋划和实现人才专业素质结构、层次结构、分布结构的战略调整，引领产业结构优化升级。三是优先保证人才投入，走人力资本优先积累之路。牢固树立人才资本是高效资本、人才投入效益最大的理念。四是优先创新人才制度，构建有利于科学发展的人才发展体制机制。紧紧抓住对人才发展具有长远性、根本性、全局性的体制机制，以政策为突破，通过创业扶持、创新激励等人才发展重点领域和关键环节的政策创新，带动体制机制创新，不断总结创新经验，拓展创新成果运用，建立符合中国国情、国际惯例的引才用才政策制度和人才工作体制机制。

（三）完善人才信息服务政策

制定高层次人才动态跟踪与考核机制。对高端人才在学术工作上的交流交往活动等，建立适当的考核评价标准，客观公正地给予评价，对于不良行为要适时制止，对于正当的人际交往要制定配套的高端人才人际交往补贴政策，分领域、分层次建立不同的补贴标准，引导与鼓励高端人才更好地开展人际交往活动。建立政府与企事业单位之间，企事业单位与企事业单位之间、人才与人才之间沟通交流的长效平台。建立人才供需信息发布制度，推进政府部门所属的人才服务机构体制改革，实现政事分开、管办分离；加快户籍、保险、档案等相关领域的改革，消除人才流动中各种体制性、机制性障碍；探索建立人才柔性流动机制；建立人才资源库，完善人才资源开发运行监测体系和人才统计指标体系，定期发布人才资源发展报告，加强信息共享。

四　文化维度

习近平总书记指出，“发展是第一要务，人才是第一资源，创新是第一动力”。创新驱动发展的实质是人才驱动。各地区、各单位竞相出台各类人才政策吸引和抢夺人才，不仅要引得来，还要选得准、聚得住、用得好，关键还在于厚植新时代人才发展文化根基。“聚天下英才而用之”的人才观为识才选才、聚才用才的新时代人才文化环境建设指明了方向。

著名学者丹尼尔·平克（Daniel Pink）在其著作 *Drive: The Surprising Truth about What Motivates Us*（中文版《驱动力：在奖励与惩罚已全然失效的当下如何焕发人的热情》）中把驱动力分成三个层次：第一层激励是来自生存冲动的生物性驱动力；第二层激励是来自外在，如胡萝卜加大棒式的追求奖励、逃避惩罚驱动力；第三层激励是真正驱动我们前进的力量，来自内在的自主选择，以及让生活更有意义的深层欲望。显然，在创新中，以及高端人才培养、选拔与使用中，不能选择第一层激励，也不能停留在第二层激励，而需要提升到第三层激励。因此，为了鼓励创新，在培养、选拔与使用高端人才的基础上，建立规范的高端人才流动机制和管理制度，加大力度实施科技成果奖励，营造良好的高端人才成长文化环境。

第一，实事求是。科学就是实事求是。创新不是科技工作者的专利，每个人在自己的工作岗位上都可能是创新者。我们把所有创新者大体分为三类：普通工作者、科技工作者、高端创新人才。现实情况是，普通工作者中的少数人可能成为专业人才，今后应加大力度培育他们的创新意识，鼓励、尊重他们在本职工作岗位上创新，以彰显工匠精神和应用创新，并在全社会达成共识。科技工作者可以称为专业人才，他们是创新的大军，也是创新的中坚力量。他们的专业技术职务是聘任的，他们的专业职称是人事制度下评聘出来的，但目前评审机制制度等生态环境需要改进。2016 年 11 月 1 日，中央全面深化改革领导小组第二十九次会议审议通过了《关于深化职称制度改革的意见》，将通过职称制度改革，以及改进职称评价方式，把这支创新大军的创新潜力与活力充分释放出来。高端创新人才也可以分为高峰人才（如科学家、大师、大学者等）和高原人才（如著名专家、学者、教授等）。从科学发展与人才成长规律来看，高原人才，尤其高峰人才成长是需要历史积淀的，他们站在学科前沿，站在巨人肩上，对科学知识创新融合提升，而成为集大成者。因此，在全社会树立“科学是实事求是”的观点，鼓励每个人在自己的工作岗位上踏踏实实工作、履行职责，并发挥主观能动性完成本职工作，就是对创新的贡献。正如吴文俊院士生前所说，“做研究不要自以为聪明，总是想些怪招，要实事求是，踏踏实实。功夫不到，哪里会有什么灵感?”

第二，尊重人才。这里强调的是，尊重人才是尊重每一位科技工作者，尊重他们的创新。在全社会尊重知识、尊重人才的大环境下，更重要的是在提高高端人才待遇的同时，提高科技工作者这支专业人才大军的整体待遇，为他们创建良好的环境，否则形成不了高端人才与专业人才的合力。在现有的利益分配机制下，高端人才在创新中的巨大作用是无疑的，但若出现专业人才整体水平与能力差距的“短板”，则会影响创新。俗语说，红花要靠绿叶配。高端人才是团队的带头人，专业人才是团队成员中的中坚力量。需要正确处理带头人与成员的关系。消除功利色彩的同时，提高团队成员的待遇，调动他们的积极性与创造性，是实现团队可持续创新的关键。总之，要尊重高端人才，尊重专业人才，尊重每一位科技工作者。

第三，创新文化。在全社会营造让科技工作者，尤其是高端人才回归创新初心的文化。在这样的环境下，每一个科技工作者都能基于自己的知识能力与兴趣，以及对问题的深刻了解与认识，本着无功利情结、无短期行为，对自己、对组织，以及对社会与历史负责的态度，进行科学探索与研究，实现原始创新、集成性创新、颠覆性创新。在鼓励创新、宽容失败的社会氛围中，也应对人为的不实或假伪或剽窃成果及评价实施追责制。鼓励科技工作者在科学研究中汲取、弘扬中华传统文化，秉承健全人格、追求美的情怀境界。历史事实证明，最伟大的科学发现，往往蕴含着秩序、简洁和美，彰显出科学与文化艺术完美结合的魅力。

尊重创新规律，尊重创新工作，尊重创新工作者，选择正确的激励方式。鉴于左脑（逻辑、线性）推演性技能的需求已经在很大程度上被自动化（软件）代替，而右脑（创造性、移情）探索型思维才是今天创新成功的关键，应本着尊重科技工作者的探索型思维，选择激励科技工作者的“第三层激励”。如张杰院士认为，学术追求是大学的灵魂，必须无功利目的，不能为发表论文而做研究，而是应该出于探索未知，进行问题导向的研究，必须还科研的学术追求本质。在他担任上海交通大学校长时，对科研政策的第 项改革措施，就是取消对发表论文的现金奖励，取得了“动刀论文奖励，排名不降反升”的良好效果，引发了对“论文奖励越重的大学离‘一流’越远”的思考。营造创新文化，还需要从我们每个人做起。我们敬仰大师、大家、大学者，以及名师、名家、名学者、名教授的同时，应尊重这些称号。从科学发展与创新规律来讲，大师、大家、大学者，以及名师、名家、名学者、名教授等高端人才是少数，是创新的引领着，要尽可能消除功利思想，克服浮躁情绪，在全社会形成让每个科技工作者都心静下来的良好氛围。

第四，团队精神。创新能否成功，我们认为需要三要素：一是能够发现研究的前沿，了解前沿及前沿发展脉络；二是具有坚实丰富的知识积累，以及从事前沿研究的能力；三是了解自己的优势，选择突破前沿的切入点。形象地说，这就是能看到巨人的肩膀、能站在巨人的肩膀，且能提高巨人的肩膀。要做到这三点，需要高端人才，也需要他们的团队。具体地讲，高端人才是团队的带头人，最重要的是他们能够组建一个强大的研究团队。重中之重的是，他们如何处理自己与团队及成员的利益问题。任何团队都是一个矛盾对立统一体。在团队中，团队内嵌一个职责价值链，在这个链中带头人与成员只有职责上的不同，在个体人及其履职权力上是协同、平等的。毫无疑问，在团队利益处理上，带头人起着关键作用，基于责权利分配条件下，要有大格局、要有胸怀、要有远见、要有爱心。带头人应关注所有成员的利益与成长成才。无论一个团队、一个单位、一个组织及其带头人，都要具有“有思想、胸怀、责任、诚信、爱心”的特质。这样的团队，或者单位与组织，才有生命力，才能实现健康和谐可持续创新发展。同时，从统计学上讲，任何团队内部都存在集中和分散趋势，关键是通过制度与文化建设，无论带头人，还是成员，都应多做有利于团队凝聚的事情，彰显团队合力，规避团队分力与撕裂。就如同我们每个人体内都有癌细胞，关键是我们怎样选择。团队如同花朵与绿叶一样，是一个生态系统。没有绿叶日夜的光合作用、蒸腾作用、呼吸作用所提供的氧气与养料，花朵不仅开不了，也红不了，更活不了。因此，红花和绿叶精神是对团队精神最好的诠释。团队是如此，科研院所或高等学校也是如此。绿叶不绿，红花难红。现实中，应避免红花没有成为长项，绿叶却成为短板的现象。

第七章 自我管理和人才发展的机遇与展望

进入知识经济时代，随着各种条件要件的完善，自我管理的发展和人才发展面临着难得的历史新机遇。人才越来越成为组织发展主力军，人的自我意识不断提升带来的自我意愿和能力均获得空前提升，自我管理的重点也正在从道德层面、生活层面、经济层面、工作层面向追求内心和谐自由发展与实现社会共同目标信仰、价值等转变。自我管理的发展与人才发展如何摆脱人的发展“物的依赖关系”走向为实现“人的自由而全面”准备条件的“能力依赖”阶段，防止唯物质追求的人的异化问题，摆在人的个体和集体发展面前。基于中国文化基因和中国人气质特点的自我管理发展趋向和人才的发展，正日益成为人们关注的焦点。这是一个从规范、约束走向自觉、自为的过程，其与新时代人才发展面临的机遇和调整同步而向，认识和处理这些问题，对于我们进一步发挥自我管理作用，实现人的发展和人才的发展具有重要积极意义。

2018 年 5 月，习近平在中国科学院第十九次院士大会、中国工程院第十四次院士大会上的讲话中强调指出：“现在，我们迎来了世界新一轮科技革命和产业变革同我国转变发展方式的历史性交汇期，既面临着千载难逢的历史机遇，又面临着差距拉大的严峻挑战。我们必须清醒地认识到，有的历史性交汇期可能产生同频共振，有的历史性交汇期也可能擦肩而过。”① 在历史交汇期这样的重大历史关头，在实现中华民族伟大复兴历史进程中具有特殊重大意义的这样一个时期，我们必须深

① 习近平：《在中国科学院第十九次院士大会、中国工程院第十四次院士大会上的讲话》，《人民日报》2018 年 5 月 29 日第 2 版。

刻学习领会习近平对国内国际大势的重大判断，不断提高在政治上把握方向、把握大势、把握全局的能力，练就一双政治慧眼，不畏浮云遮望眼，善于从政治上分析问题、解决问题，统筹推进新时代人才工作，切实担负起党和人民赋予的政治责任，防止在把握方向上出现战略误判、在把握大势上出现决策失误、在把握全局上出现空档缺位，努力实现人才发展与经济社会发展同频共振、深度融合。

进入新时代，人才在经济社会发展中的决定性作用日益凸显。习近平多次强调，要牢固确立人才引领发展的战略地位。这是推进经济高质量发展的迫切需要，也是更好实施创新驱动发展战略的迫切需要，更是应对新一轮科技革命和产业变革挑战的迫切需要。习近平总书记在全国组织工作会议上强调指出："我们必须加快实施人才强国战略，确立人才引领发展的战略地位，努力建设一支矢志爱国奉献、勇于创新创造的优秀人才队伍。"① 这是党中央确立的新时代人才工作的大方向，我们必须毫不动摇地坚持，把确立人才引领发展的战略地位贯彻到谋划人才发展重大战略、制定人才工作重大政策、部署人才队伍建设重大任务、推进党管人才重大工作的实践中去。新时代人才工作必须始终朝着"加快建设人才强国、确立人才引领发展的战略地位"这个大方向去思考、去谋划、去推进，不论遇到什么风浪、什么艰难险阻都不能有丝毫动摇。只要是有利于加快建设人才强国的，都要积极去推动；凡是偏离加快建设人才强国航向的，都要及时去校正。从人才支撑发展到人才引领发展，无论是在战略谋划上，还是在工作方式上，人才工作都面临着政策深度调整的新态势。要积极适应这种新态势，从被动应对到主动引领，紧紧围绕创新发展和实施国家重大战略，研究制定人才引领发展的战略规划和政策举措，推动创新人才培养、领军人才引进、产业人才集聚深度嵌入经济社会发展的各个环节，促使各类人才在各个领域、各条战线发挥好引领作用。

---

① 习近平：《切实贯彻落实新时代党的组织路线全党努力把党建设得更加坚强有力》《人民日报》2018 年 7 月 5 日 01 版。

第一节　知识经济时代带来的新挑战

知识经济时代条件下的“能力依赖”是人的发展的当代形态。人才成为能力支撑起的时代新人，其内涵主要体现在能力引领、创新活动、资源组合等，“以能力的充分正确发挥为基础”的个性和能本观念等。“能力依赖”作为当代人的发展的历史形态，肇始并存在于当代人的生存实践的最前沿，以人的知识和能力为基础的智能化社会生产，以人的能力充分发挥为目的的社会发展、按能分配和能本管理等，表征着社会生产和经济发展围绕着人的能力及其充分发挥而运作。知识—能力素质水平高的知识阶层，成为政治权力赖以存在的主要阶级基础；人们依靠能力获得权力，并树立权力的权威以及选贤任能等，表征着以人的知识和能力为基础的能力政治的形成。“能力本位”文化观念的形成，表征着人从自身能力出发来思考社会和人生。基于人的能力及其充分正确发挥而生成的平等性、开放性、学习性、创新性和个性化等成为人的重要社会性格，表征着“以能力的充分正确发挥为基础”的社会人格的形成。“能力依赖”既是对“人的依赖”的否定和扬弃，又是对“物的依赖”的批判和超越，它不仅促使人的存在方式和价值实现方式实现了历史变革，而且促使健全人格的生成，促使人性的解放和发展。当然，与“自由个性”形态相比“能力依赖”还存在一定的理论局限和实践局限。

一　知识经济时代是一个以“能力依赖”为核心的能力社会

知识经济要求文化理念、社会制度、社会体制（机制）、社会组织、社会管理以及社会发展战略与目标等，都要围绕着有利于充分正确发挥每个人的能力来设计、运作。这为人的自我管理、人才的发展提出了新的要求，即创新文化理念，确立“能力本位”文化观念及人生价值观，以确立“能力依赖”的新理念与新思维要求；创新社会制度，确立劳动者个人能力所有制，按能分配制度和能本社会保障制度等，以从制度上保证人的能力的充分正确发挥的要求；创新管理机制，建立能本动力机制、能本意争机制、能本流动机制和能本压力机制，以激活人的能力的要求；创新人才使用制度，确立“能绩优先”的用人机制，为人才的能力的充分正确发挥提供组织保证的要求；创新社会管理，推行能本管理，以促进人的能力的充分正确发挥的要求；加强人力资源能力建设，实施“能力依赖”的人才开发战略以抢占社会发展的制高点的要求。①

二 知识经济时代的社会，对人才的管理和发展提出明确要求

知识经济时代的社会是以“能力依赖”为核心，以能力发展为价值导向的社会存在和发展的新范式，它必然要求“能力依赖”制度化，即指把“能力依赖”的原则贯彻到社会各个领域中去，既使社会的一切活动都要通过充分正确发挥人的能力来实现，又要使社会为人的能力的充分正确发挥提供现实条件，尤其是要为人才的发展提供充要保证。具体而言，知识经济时代为人才的管理和发展提出了新的要求。

第一，在文化理念上，首先，要引导人们确立能力本位的观念，并将其当作自己人生的价值取向，即通过充分正确发挥个人潜能来实现人生价值；其次，要树立把是否尊重和充分发挥人的能力看作是否具有道德的新观念，即树立“以能树德”的能本道德观；再次，要引导人们扬弃那种仅面向“人”事，指向权力、趋向做“官”的传统思维，确立以能力为本的人才观、培育观和社会发展观，且使人的一切活动、一切关系和一切追求都国绕着充分正确发挥人的能力旋转的现代思维。

第二，在管理机制创新上，确立一种能保证和激励人才充分正确发挥其创新能力的组织管理机制。主要包括：所有制创新即确立劳动者实现每个人的能力自由平等全面发展的同时，建立一种既保证劳动者的主体地位，又促进劳动者的能力积极充分发挥的新型产权关系。分配制度创新，即在坚持按生产要素分配的原则和基础上，确立按能分配制

① 张军：《人的发展的历史形态及其当代意蕴——“人的依赖”“物的依赖”“能力依赖”》，博士毕业论文，中共中央党校，2002 年 5 月。

度。[①] 它要求人人都按照“个人能力发挥及其贡献大小”尺度进行分配，其实质目的在于建立一个“各尽其能”的社会激励机制，使一切社会成员尽可能充分正确发挥其能力。保障制度创新，即改革和完善过去以“物资救助”为主要方式的物本社会保障制度，实现社会保障由“物资救助”为主向“知识和能力救助”为主的转变，也就是确立能本社会保障制度，通过加强对贫困者的知识教育和能力培养而保障他们从根本上摆脱贫困。

第三，社会体制上，确立一种保证和鼓励人才充分正确发挥其创新能力的新机制，其内在构成主要包括：动力机制创新，即在坚持生产力与生产关系的矛盾运动是社会发展根本动力的基础上，注重个人能力充分正确发挥对社会发展的重要推动作用，又称“能本动力机制”。其实质含义在于人是生产力的主导因素，个人能力的充分正确发挥是生产力发展的一条有效途径。竞争机制创新，即建立责权利相统一的竞争机制。其本质含义在于保证具有真实才能的人有机会和舞台来施展其本领，并使才能平庸的人感到生存和发展的压力，借以促进和保证每个人能力和创新精神的充分发挥。流动机制创新，即建立公平合理的能本社会流动机制，以保证每个人根据自身能力大小、个性特点自主选择职业并凭能力发挥实现的程度及其对社会贡献的大小，赢得社会地位的升迁，从而使个人能力的发挥达到最大化和最优化。压力机制创新，即通过奖励能力大、贡献多的能力强者，惩戒能力小、贡献少的能力弱者，而在不同能级的能力人之间建立起优胜劣汰的社会机制，其实质目的在于激励先进、鞭策落后，促进和推动人的能力充分正确发挥。

第四，在社会组织上，确立“德为前提，能为本位”的能绩优先的用人制度。目的在于实行竞争上岗、能上能下、能进能出的组织人事制度，避免亲情、关系特权和金钱等向组织人事领域的渗透，借以创造条件并保证有才能的人更好地发挥才干。也就是要做到：选那些有才能和业绩的人；开阔选人视野，在较为广阔的范围内选人，让广大群众参与选举，根据人的能力和贡献大小选人；通过规范的程序、公开、公

① 张利霞：《人的能力素质与现代化建设》，硕士学位论文，2004 年 4 月。

平、公正地选人。

第五，社会管理上，确立以能力为本位的“能本管理”。其基本含义在于尽力打破身份界限以及特权门第、“人情关系”和金钱多少等对组织用工、用人、分配制度及领导制度的干扰，凭能力用工、用人，按能分配，凭能力和业绩来获得权位，凭能力和业绩来树立权威，以做到使能者有其位、能者有其岗、能者有其资、能者有其享，而且力图使组织对每个成员的潜能、能力的客观差别，加以有效地利用和管理，从而实现每个人潜力和能力发挥的最大化。

第六，社会发展战略上，加强人力资源能力建设，实施“能力依赖”的人才战略，抢占社会发展的制高点。首先需要努力培养具有创新意识、创新精神和创新能力的创新型人才；其次实施整体性人才资源开发战略，全面提高国民素质。既要把人才资源开发纳入整个国民经济和社会发展的大系统、大循环，又要把人力资源开发对象扩大到包括全体国民，同时要在人力资源开发环节和形式上下功夫，把人才的规划与培养，使用与配置以及管理等当作人力资源开发的主要环节，采取多种形式和途径加大人力资源开发的力度，加快构筑新时代人才高地。

三　党的十九大对人才管理、发展提出了新要求

党的十九大报告把人才工作放到党和国家工作的重要位置，报告提出，“要坚决破除一切不合时宜的思想观念和体制机制弊端，突破利益固化的藩篱，吸收人类文明有益成果，构建系统完备、科学规范、运行有效的制度体系”①。据统计，在整个报告中，明确提到“人才”达14处之多。报告在对各项工作的论述中，广泛涉及党政人才、科技人才、教育人才、医疗卫生人才、文化人才、企业家人才、技能人才、青年人才、军事人才等问题，对人才工作进行了新定位、提出了新要求、明确了新任务。这些重要论述构成了习近平新时代中国特色社会主义思想中精彩的“人才篇”，充分体现了中国共产党对人才规律的深刻把握和人

① 习近平：《中国共产党第十九次代表大会工作报告》，《人民日报》2017年10月19日。

才工作的高度重视，彰显了中国共产党求贤若渴、广聚英才的博大胸怀，为我们做好新时代的人才工作提供了根本遵循。深入学习贯彻党的十九大精神，坚持把深化人才体制机制改革作为人才强国战略的基础性工程，着力构建科学规范、开放包容、运行高效的人才发展治理体系。对此，我们必须积极实施人才战略——要把培养吸收和用好人才作为一项重大的战略任务切实抓好，加快构筑我们的人才优势，这既是知识经济时代的要求，也是发展中国特色社会主义的内在必然要求。

（一）积极采取有力措施，千方百计培养人才

必须积极采取有力措施，切实加大人才培养力度，以便进一步强化我国的科教和人才优势，为加快构筑我国人才优势奠定坚实的基础。大力发展教育事业，积极推进素质教育，教育是提高全民素质、培养人才的基础。要按照中央的部署，全面推进我国新时代的教育改革和发展，认真做好教育布局调整，提高基础教育水平，加快高等教育“双一流”建设步伐，着力提高全民科技素质，为培养高素质、高层次人才奠定基础。同时，按照人才成长规律，全面推进素质教育，重视培养人的创新意识、创新精神和创新能力，加快各级各类创新型人才的培养。

（二）大力培养技术创新人才、高水平经营管理人才，特别是要重视培养高层次科技人才

科技创新和管理创新是推动当代社会快速发展的两大主要引擎，其所依靠的就是各类具有创新精神和创新能力的高素质的科技和管理人才。要根据我国高等院校和科研院所多、科技数量人才多、研发成果多但转化率低等特点，依托高等院校、科研院所及相关企业，充分发挥和创造性利用当前既有的科技资源，努力在各行业造就出一批在国内外处于一流水平、创新成果突出的科技和管理人才。同时，注重培养、储备科技后备力量，以便为我国现代化建设源源不断地提供具有创新精神和创新能力的创新型人才。

（三）要牢固确立人才资源是第一资源的观念

面对异常激烈的国内外人才竞争态势，我们必须看到现实形势的严峻性，进一步解放思想，更新观念，牢固确立人才资源是第一资源的观念，积极营造有助于吸引人才、留住人才、用好人才的环境和机制，广

开渠道吸纳人才。要确立开放的人才观，拓宽用人视野，在人才问题上，思想解放的程度决定思路。必打破传统强调“所有”“所在”的用人观念，不求“所有”“所在”，但求“所用”的用人观念。

（四）人才引进策略的多样化

随着人才争夺战的不断升温，引进人才难度增大。在积极营造吸引人才良好环境的基础上，还要多策并举，大胆探索引才用人的新路子。要发挥市场和政府“两只手”的作用，采取多种途径和措施广纳天下英才：第一，提供优厚的物质和生活待遇。从物质方面吸引各类人才，对有突出贡献和成就的精英，提供特殊奖励。各级财政要设立专项资金，用于引进人才需要解决的特殊问题；第二，调整政策。适应市场经济的要求，改变不同地区、不同所有制单位人才的不平等政策，为人才引进扫除政策障碍。同时放宽对优秀人才移民的限制，以便在世界范围内招揽国内短缺的高科技人才；第三，创造良好的研究开发与创新环境，“筑巢引凤”吸引高层次人才，建立支撑高层次人才的社会组织体系，包括用人单位的事业发展水平、人文环境、公平有效的竞争机制和激励机制等。

（五）要努力营造良好的机制和环境，下大力气留住人才

人才是宝贵的资源，发展和建设离不开大量的人才。实施人才发展战略，构筑新时代人才优势必然要求“堵住人才流失这一黑洞”。从某种意义上说，营造良好的机制和环境，把人才留住是比人才培养更为重要的事。因为人才培养只是可能的主体生产力，而要把可能的主体生产力转化为现实的社会生产力就必须吸引并留住人才。只有吸引并留住人才，才能有效地把人才资源优势转化为人才竞争优势，进而转化为社会生产力发展优势。要深化人事制度改革，坚持以能力为本位，以公开平等竞争为取向，摒弃权力、人情、关系等对人事的不良影响，积极营造公开、平等、竞争、择优的用人环境，努力形成能者上、庸者下、能强者大舞台、能弱者小舞台的人才竞技局面，从而建立一套能上能下、能进能出、充满活力的用人新机制。同时要打破年龄、资历等对人才任用的限制，适时选拔和使用青年人才，为其创造好的成长空间。要放手使用，更好地发挥各类人才的作用。无论政府机关还是企业的一把手，都

要对人才资源的开发和使用切实负起责任。各级党政机关、企事业领导必须要充分信任各类人才，相信他们的能力，尊重他们的工作，并在资金、设备、政策和待遇等方面提供尽可能的优惠条件，放手使用各类人才。鼓励和支持人才创业，让人才在创业的过程中最大限度地发挥自己的作用。

第二节　全面现代化建设提出的新要求

中国特色社会主义进入新时代，各项事业取得了前所未有的成绩，但从整个社会主义建设来说，我们仍然处于社会主义初级阶段。从 20 世纪 80 年代以来，伴随中国改革开放进程的推进，我国发展对于人才的渴望从未放松，不论是请进来还是走出去，都在围绕如何解决中国发展面临的贫困问题、教育问题、科技问题等破题立新、鼎固革新。四个现代化建设全面铺开，从基础工业到重工业，从民生实体到军工制造，从沿海到内陆，各地都把如何解放和发展生产力的问题作为第一要务，形成欣欣向荣的大好局面。进入新时代以来，全面现代化的提出，更是从厚植民族发展根基，为建设富强、民主、文明、和谐、美丽的现代化国家高度，对发展过程中人才的作用与地位问题提出了更为系统的要求。

在党的十九大上，习近平的报告全面分析了中国特色社会主义进入新时代后的新形势和新要求，提出从现在起到 2020 年，是“全面建成小康社会决胜期”，要坚持不懈地作出努力，确保全面建成小康社会作为第一个百年奋斗目标如期实现。在此基础上，乘势而上开启全面建设社会主义现代化国家新征程，向第二个百年奋斗目标进军。报告进而对 2020 年到 21 世纪中叶的现代化建设作出了全面谋划，提出分两个阶段来安排：第一个阶段是从 2020 年到 2035 年，在全面建成小康社会的基础上，再奋斗 15 年，基本实现社会主义现代化；第二个阶段是从 2035 年到 21 世纪中叶，在基本实现现代化的基础上，再奋斗 15 年，把我国建成富强民主文明和谐美丽的社会主义现代化强国。这“两个 15 年”的战略安排，为实现第二个百年奋斗目标指出了具体路径，也为我们描绘了最终实现我国社会主义现代化建设“三步走”战略的新的蓝图。

第二个百年奋斗目标即全面建成社会主义现代化强国，以及“两个15年”的阶段性安排，党的十九大同样是从社会发展的整体高度作出全方位的谋划和部署，其内在逻辑仍然是坚持以经济建设为中心，统筹推进经济建设、政治建设、文化建设、社会建设以及生态文明建设。值得注意的是，这一新的战略安排在经济建设方面不再设置具体的发展指标，而是强调我国经济已由高速增长阶段转向高质量发展阶段，建设现代化经济体系是跨越关口的迫切要求和我国发展的战略目标；要求坚持质量第一、效益优先，以供给侧结构性改革为主线，推动经济发展质量变革、效率变革、动力变革，提高全要素生产率，最终使我国经济实力、科技实力大幅跃升，跻身创新型国家前列。而在政治建设、文化建设、社会建设、生态文明建设等方面，则分别提出了保障人民平等参与、平等发展的权利，建设法治国家、法治政府、法治社会，实现国家治理体系和治理能力现代化，提高社会文明程度，增强国家文化软实力，提高人民生活水平，实现全体人民的共同富裕，形成现代社会治理格局，实现生态环境的根本好转等一系列目标要求。正是基于这样一种整体性安排，党的十九大报告庄严宣告，到21世纪中叶，我国物质文明、政治文明、精神文明、社会文明、生态文明将全面提升，中华民族将以更加昂扬的姿态屹立于世界民族之林。

在现代化因素方面，中国的社会主义现代化的现实目标是努力追上并赶超发达国家现代化水平，但更重要的是体现中国道路的道路特质、道路优势，在本质上它是一种超越、一种创新，它创造出完全不同于并优越于传统西方资本主义的现代化方式。

一　中国全面现代化建设的特点

中国的现代化是中国特色社会主义现代化，其本质是以人民为中心的全面发展的现代化。它具有社会主义、现代化、中国特质、绿色生态等四大基本因素，成为共同作用、共同推动以人民为中心的现代化。中国特色社会主义现代化具有四大基本因素：一是社会主义的现代化，具有优越于资本主义、更加先进的社会主义因素，为全体人民所共建、共有、共享；二是中国特色，具有中国独特的道路理论制度和文化因素，为中华民族独有、共有和民族特质；三是立足中国生态文明的绿色现代化，树立尊重自然、顺应自然、保护自然的生态文明理念，为当代人提供生态产品和服务，为后代人提供生态财富，为全球提供生态安全。

中国特色社会主义现代化本质上是人的全面发展的现代化，它包括个体、社会、国家与全球层面的现代化。从人的层面看，充分体现了马克思的人的全面发展思想。从社会层面看，就是构建发达的共同富裕社会。从国家层面看，就是建成社会主义现代化强国。从全球层面看，就是成为人类命运共同体的倡导者、践行者、引领者。对此，习近平强调，要瞄准世界科技前沿，强化基础研究，实现前瞻性基础研究、引领性原创成果重大突破。加强应用基础研究，拓展实施国家重大科技项目，突出关键共性技术、前沿引领技术、现代工程技术、颠覆性技术创新，为建设科技强国、质量强国、航天强国、网络强国、交通强国、数字中国、智慧社会提供有力支撑。同时，要加强国家创新体系建设，强化战略科技力量。深化科技体制改革，建立以企业为主体、市场为导向、产学研深度融合的技术创新体系，加强对中小企业创新的支持，促进科技成果转化。倡导创新文化，强化知识产权保护、运用。培养造就一大批具有国际水平的战略科技人才、科技领军人才、青年科技人才和高水平创新团队。

基于上述特点和现实，中国现代化建设更加需要人才支撑，也更加注重对人的发展的培养和关注。改革出发点在人才的智慧，改革的动力在人才的供给，改革的成效在人才的评价和引领，改革还在中国社会人文的积淀及氛围中，不断实现超越和发展。因此，中国现代化建设的特点决定了现代化进程也就是人的发展和管理的进程，也是发挥人才的主观能动性实现更加贴合中国实践特色的现代发展进程。

二 人的全面发展是现代化的内涵和历史发展、社会进步的客观趋势

王霞在《人的发展悖论及其解决——社会主义市场经济条件下的人的发展研究》文章中指出，促进人的全面发展，必须以高度发达的

社会主义物质文明、精神文明和政治文明为基础。经过全党和全国人民的共同努力，我们胜利实现了现代化建设“三步走”战略的第一步、第二步目标，社会主义事业的全面发展为人才发展打下了坚实的基础。面向未来，中国站在一个新的历史起点上。这就意味着，我国在经济建设上，将要继续深化改革、加快发展，进一步完善社会主义市场经济体制，转变经济发展方式，走新型工业化的道路，发展循环经济，建设资源节约型和环境友好型社会；在政治建设上，社会主义民主制度将进一步健全，社会主义民主政治将更加发展，实行更加广泛、更加有效的民主参与和社会合作；在文化建设上，进一步确立社会主义的共同价值体系，促进和繁荣多样性的文化事业；在社会建设上，逐步解决当前社会发展中的一些突出问题，协调好各种社会利益关系，更加注重随着生产力充分发展，物质财富的极大丰富，社会一切成员社会公平正义将有更加充裕的物质生活。劳动将被当作自我完善的根本手段而不是仅作为谋生的需要。

党的十九大报告作出中国特色社会主义进入了新时代的重大论断，进一步明确提出了现代化两个阶段的战略安排，这个战略安排是根据中国的实际和中国现实国情共同制定出来的，为我们的现代化建设道路指明了新方向、明确了新使命。人才作为科学技术这个第一生产力的载体，其素质水平不仅决定着一国科学技术水平状况，而且直接关系各产业的发展，影响社会经济发展目标的实现。在全面现代化建设的新征程中，人才的现代化要求为人才的管理和发展提供了更加与时俱进的保障。要真正从思想理念深处认识到，现代化是一个过程，是一个国家、民族和社会在各个领域、各个层面所发生的质的变化，在这一历史性进程中，人既是现代化建设的主体，又是现代化建设的目标。

人的现代化对社会主义现代化具有决定性的作用，人的现代化是国家现代化的基石，只有坚硬的基石，才能托得起高耸的大厦；而人们往往只憧憬那大厦的雄姿，却忽视了埋在地下的基石。长期以来，人们的目光确实较多地投放到了经济增长、技术发展、体制转换等社会领域的现代化上面，而对人的生存方式转变和文化转型等层面的现代化，即人自身的现代化关注得远远不够。著名学者英格尔斯结合世界现代化的发展，从反思以往现代化理论研究的视角提出的见解则更为精辟，他说，以往的国家现代化研究中，经济发展最引人注目，人们往往以为只要实现了经济的现代化就会一劳永逸地解决国家的现代化问题。结果却事与愿违，经济刚刚起飞，便又沉重地跌落下来。我们并不怀疑经济在国家发展中的重要性，不否认经济制度和生产方式的重要性。我们要坚决否认的，只是那种忽略实现现代化需要的人，不去关心和探讨他们的心理是否能与现代的经济发展节奏相吻合的研究观点。英格尔斯还论述到：人的现代化是国家现代化必不可少的因素。它并不是现代化过程结束后的副产品，而是现代化制度与经济赖以长期发展并取得成功的先决条件。显而易见，如果以文化转型为表现形态的人的现代化不能与社会层面的现代化同步展开，那么，中国现代化的进程将可能再一次受阻，甚至停顿。痛切的教训使越来越多的人开始体会和领悟到，那些完善的现代制度以及伴随而来的指导大纲、管理守则本身是一些空的躯壳。如果一个国家的人民缺乏一种赋予这些制度以真实生命力的广泛现代心理基础，如果执行和运用这些现代制度的人，自己还没有从心理、思想、态度和行为方式上都经历一个向现代化的转变，失败和畸形发展的悲剧是不可避免的。再完美的现代制度和管理方法，再先进的技术工艺，也会在传统人的手中变成一堆废纸。对此，张克强、皇甫闪在《论当代中国公民人格的转型与建构》一文指出，一个国家，只有当它的人民是现代人，它的国民从心理和行为上都转变为现代的人格，它的现代政治、经济和文化管理中的工作人员都获得了某种与现代化发展相适应的现代性，这样的国家才可真正称之为现代化的国家。否则，高速稳定的经济发展和有效的管理，都不会得以实现。即使经济已经开始起飞，也不会持续长久。

2016 年 5 月 30 日习近平在全国科技创新大会、两院院士大会、中国科协第九次全国代表大会上的讲话中明确指出，没有全民科学素质普遍提高，就难以建立起宏大的高素质创新大军，难以实现科技成果快速转化。英国 19 世纪著名社会改革家塞缪尔·斯迈尔斯也曾以犀利而睿智的笔调，向人们揭示了国民素质和个人自身文明程度对国家进步的巨大作用。塞缪尔·斯迈尔斯指出：“国家的进步是每个人勤勤恳恳、吃苦耐劳和正直诚实的结果，正如国家的衰败是每个人懒惰、自私和邪恶的结果一样。从很大程度上讲，常常被我们痛斥为极大社会邪恶的东西在人们那四处蔓延的堕落生活中俯拾即是。虽然我们通过法律的手段可以努力减少它们和根除它们，但是，一旦遇上适合的土壤，它们就又会死灰复燃，除非个人生活和性格赖以存在的条件得到彻底改造。"① "一个国家的政府本身通常只不过是组成它的社会个体性格的复制品而已。一个高于人民素质水平的政府必将被拉回到与它的人民素质水平相同的层次，而一个低于人民素质水平的政府迟早要被提升到与人民素质水平相同的档次。就秩序的性格特征而言，一个国家的法律和政府的结构内容及其结果也能确切地反映出一个民族的整体性格。……确实，所有的经验都证实：一个国家的价值和力量绝非依靠它的制度形式，而是依靠它的人民的素质水平。因为国家只不过是社会个体的集合体而已，而文明自身只不过是组成社会的男人、女人和孩子不断改善个人状态的一个问题罢了。"② 显然，塞缪尔·斯迈尔斯的话语有其合理之处，但从其思想论述出发点来说，偏狭和精英主义论调让其沦为资产阶级辩护者角色而已，其论述中并未将个人与集体的作用在社会进步层面的影响力作出合理区分，而这是不同价值观、历史观的立场带来的后果。我们所要奉为圭臬的思想理论与立场是，站在人民的个体与集体之上，将个体综合素质的提升与集体目标的实现进行辩证的统一，协调而不是矛盾的前行。唯物的史观与人民的立场，将是我们进行建设与发展的根本立足点，人才的管理与发展也要在此框架之内进行展示与施展，坚决摒弃精致利己主义的狭隘和偏私。

三 人的现代化是中国现代化追求的重要目标

人的现代化，不仅是实现现代化的手段和途径，同时，也是现代化追求的重要目标。既是经济和社会发展的根本目的，也是实现经济和社

① ［英］塞缪尔·斯迈尔斯：《品格的力量》，刘曙光译，北京图书馆出版社 1999 年版，第 34 页。

② 同上。

会可持续发展的重要保障。人是社会的主体，人类一切活动的最终目的就是改善和发展人类自己，是为了改善人的素质，满足人的需要，提高人的自由度和主体性。一部人类文明史，就是人类不断改造自然和社会，发展自身的历史。现代化作为人类社会的一个发展过程，其着眼点和落脚点当然也在于人自身的发展，即实现人的现代化。

我国所进行的是社会主义现代化建设，这就要求我们更加关注人的现代化和人的全面发展这一终极目标。在建设社会主义现代化过程中，我们要始终抓住人的发展这一核心问题不放，只有人的素质提高了，人得到全面而充分的发展，整个社会与经济的发展才能获得持久而巨大的动力。社会主义、共产主义是全体人民的美好追求和向往，是为全体人民谋利益的制度和运动。党的十九大提出全面建成社会主义现代化强国，对新时代社会主要矛盾中人民对美好生活的追求的概括，无不体现社会主义现代化中人的现代化的追求，这些都为人才的发展提出了要求。①

第三节 中华民族伟大复兴赋予的新使命

党的十八大以来，习近平关于“中国梦”的深情阐述，引起了中华儿女对自身光荣、责任、使命的热切关注，激发了中华儿女走向伟大复兴新的自觉。用实现中华民族伟大复兴的“中国梦”凝聚强大精神能量，是近代以来中国人民坎坷追梦历程的启示，也是我们面向未来，开拓前进时秉持的基本法则。梦想是激励人们奋力前行的精神动力。当一种梦想能够将整个民族期盼与追求都凝聚起来的时候，这种梦想就有了共同愿景的深刻内涵，就有了动员全民族为之坚毅持守、慷慨趋赴的强大感召力。

实现中华民族伟大复兴的中国梦已经成为以习近平为核心的党中央治国理政的战略愿景，必将激发全体中国人奋发向上的热情和共享人生出彩的机会。我们知道，中国梦归根到底是人民的梦，必须紧紧依靠人

---

① 张彬：《人的现代化的内涵及价值》，《青年与社会》2014 年 2 月 1 日。

民来实现，必须不断为人民造福。同样，实现中国梦，必须坚持党的领导，特别是坚持党的权威性与人民主体性的统一。在中国梦圆梦过程中，坚持党的权威性与人民主体性的统一，其核心是坚持党的领导和发挥人才的重要作用，其结合点是坚持党管人才原则，并在坚持党管人才原则的基础上有效推进人才与经济社会协调发展。人才是国家繁荣、民族进步、人民安康的重要推动力量，是最活跃的先进生产力和科学发展的第一资源，也是实现中国梦必须利用的第一资源；发挥人才的作用也是坚持人民主体性的具体体现。在实现中国梦的过程中坚持党管人才原则，既体现了党的权威性与人民主体性的有机统一和完美结合，也有利于党凝聚各类人才共赶圆梦的征程，真正达到人才强国的战略目标。正如党的十八大报告指出的，坚持党管人才原则，把各方面优秀人才集聚到党和国家事业中来。

今天的中华民族越来越走向世界舞台的显著位置，赢得越来越多的民族荣耀与民族尊严。随着改革开放的深入推进，我们正经历空前的社会巨变：经济体制深刻变革，社会结构深刻变动，利益格局深刻调整。人们的价值追求也越来越多元多样。中国特色社会主义描绘了人们美好生活的蓝图，展现了中华民族伟大复兴的光明前景和科学路径，把每个人的前途命运与国家、民族的前途命运紧密联系起来共同努力为实现中华民族伟大复兴是一项光荣而艰巨的事业，需要一代又一代中华儿女共同为之努力。在前进道路上，我们还面临许多困难和挑战。继续“圆梦”，需要我们高举中国特色社会主义伟大旗帜，团结实干，开拓创新。

人才发展赋予“中国梦”丰富内涵。任何一个能够引领民族发展进步的梦想都是美好的，任何美好的梦想都必然伴随着时代的节拍、顺应现实条件的变化而变化。中华民族伟大的复兴梦同样如此。在民族独立的梦想已经在艰苦卓绝的奋斗中得以实现之后，我们又将建设富强民主文明和谐美丽的社会主义现代化国家，推动社会更加自由、平等、公正、法治。民族复兴的伟大目标只有转化为一个个相互关联、具体实在的建设要求，才能鼓舞人心、凝聚力量，才能在人们的具体实干中变为现实。

没有梦想的民族是可悲的，对美好梦想没有坚定不移、矢志不渝精神状态的民族同样没有前途。中华民族富有以坚定的信念和坚毅的毅力追求梦想的精神基因。在推进民族复兴的新征程中，我们面临的发展机遇和风险挑战前所未有，我们需要面对多种长期的、复杂的、严峻的考验，需要准备进行具有许多新的历史特点的伟大斗争。面对风险挑战和危险考验，我们唯有不断增强道路自信、理论自信、制度自信、文化自信，更加坚定坚毅，更加清醒自觉，进一步培育攻坚克难的顽强斗志，更加充分培养人才、汇聚人才，发挥人才作用，深化改革开放，始终坚持和发展中国特色社会主义，才能迎来中华民族伟大复兴更加光辉灿烂的前景。

结　语

自我管理是随着人的主体性开发与成长而来的管理理念的革新，是对传统组织管理理论、管理模式及管理实践的创新与发展，是以人为本管理的生动体现。自我管理的提出与发展，是适应传统人向现代人转变的逻辑选择与历史必然，回应了在摆脱了人的依赖和物的依赖关系之后人如何继续向前发展的问题，为实现人的自由而全面的发展积蓄了力量。自我管理理论的形成和发展，从学术研究发展视角，也为管理科学的发展增添了新的内涵。

人的发展、人才的发展离不开管理，更离不开人的自我管理。人才的自我管理是人的管理的具象，是对基于个体发展的多维度、多层次、多元性管理活动的系统性认知与建构，从研究主题选择角度看，之所以将自我管理作为本书的着力点，是因为人的发展经历既是一个从外在到内在的过程，从宏观到微观的过程，也是一个由内及外的本质力量对象化过程。随着社会的发展，人的自我意识觉醒，内在的管理更加突出和重要，人才作为受到良好教育和自我意识训练与培养的个体，其自我管理的状况，更加深刻影响着人才的发展。在人才工作日益重要的形势之下，深入分析研究关于人才发展的要素条件、内生动力、管理模式和助推机制，积极创造和谐环境氛围，搭建良好人才发展平台等的策略和路径，对于做好人才工作具有重要借鉴意义。本书全面贯彻习近平新时代中国特色社会主义思想，通过系统分析人的发展、自我管理和人才的管理与发展等问题，阐明自我管理与人才发展的内在关系和外在联系，重点对基于自我管理的人才发展问题进行了探讨，从个人—能力提升与自我回馈、社会—要素融入与价值实现、组织—机制保障与目标指引、文化—自我塑造与和谐发展四个层面就自我管理和人才发展的关系进行了架构，从主体性开发与社会性辅助以及其他因素的影响等角度，提出了坚持人才是第一资源理念、牢固树立正确人才政绩观、创设激发主体间性思维、融合推进四维要素等四个方面的对策建议，并结合当前中国社会发展面临的形势和任务，提出新时代自我管理与人才发展的趋势与前景，从而为人才的自我管理和发展提供了一些借鉴和启示。

在人类社会已进入21世纪的今天，“人的自我管理”作为跨学科领域的崭新课题，更加迫切需要人们综合运用管理学、社会学、教育学、人才学、心理学、生理学、伦理学等多学科的理论与方法，对其管理的内涵、特征、机制、内容、意义及其规律进行深入地研究和准确地把握。本书虽然对于自我管理的基本内涵、特征及发展等，进行了综合分析，提出了相应的概念和判断，但囿于作者的水平，研究还不够深入，尤其是关于自我管理各要素与人才特点的对接与启发方面，还缺乏深入实践调研，有待于今后作进一步深入细致的跟踪研究。

通过前文对自我管理研究发展的回溯和自我管理与人才发展关系、作用的分析，我们看到，自我管理研究、人才发展研究仍有需要完善的地方。据此，关于自我管理与人才的发展问题研究，作者在以后研究和实践中将重点从以下方面进行持续关注：一是在理论的研究上，自我管理研究隐形要素的挖掘会进一步向广度和深度方面发展，尤其是涉及文化、心理要素与人才发展之间的密切联系等，再做进一步细化分析；二是基于自我管理的四维架构，本书只是在理论上有个雏形探讨，距离实践应用还有较大差距。以上是作者通过本书的研究，提出的对于自我管理研究发展趋势和人才发展问题的设想，有待于后续的完善和补充，不当之处请专家学者批评指正。

参考文献

［1］习近平：《习近平谈治国理政》第 2 卷，外文出版社 2017 年版。

［2］习近平：《干在实处走在前列》，中共中央党校出版社 2006 年版。

［3］《马克思恩格斯全集》，人民出版社 1979 年版。

［4］《马克思恩格斯选集》，人民出版社 1995 年版。

［5］郑永廷等：《人的现代化理论与实践》，人民出版社 2006 年版。

［6］赵光辉：《人才发展学》，知识产权出版社 2016 年版。

［7］薛永武：《人才开发新论》，中国书籍出版社 2019 年版。

［8］郭海龙：《自我管理：理论之道与实践之用》，北京大学出版社 2015 年版。

［9］王通讯：《人才发展战略论》，中国人事出版社 2013 年版。

［10］郑其绪：《柔性管理》，中国石油大学出版社 2006 年版。

［11］［德］黑格尔：《法哲学原理》，范扬等译，商务印书馆 1982 年版。

［12］［美］彼得·德鲁克：《卓有成效的管理者》，许士祥译，机械工业出版社 2005 年版。

［13］齐秀生：《选贤用才》，党建读物出版社 2016 年版。

［14］沈荣华：《人才开放：党管人才的新高度》，《光明日报》2017 年 7 月 5 日。

［15］萧鸣政：《人才强国战略实施中的党管人才原则》，《北京大

学学报》2008 年第 5 期。

[16] 赵永乐、殷风春：《对人才新概念的几点认识》，《中国人才》2004 年第 2 期。

[17] 侯术山、李军：《柔性人才管理的中国实践与发展》，《黑龙江教育·理论与实践》2018 年第 3 期。

[18] 赵丽华、田魏莉：《习近平关于人的全面发展理论的新发展》，《山西高等学校社会科学学报》2016 年第 12 期。

[19] 刘志礼：《习近平“人类命运共同体”思想探析》，《理论探索》2017 年第 4 期。

[20] 郭丹：《“经济人”、“社会人”理论与启示》，《中国管理信息化》2019 年第 4 期。

[21] 苏国斌：《论人才的自我开发》，《河北学刊》2014 年第 1 期。

[22] 中央人才工作协调小组办公室：《党管人才工作航标灯——〈关于进一步加强党管人才工作的意见〉解读》，《中国人才》2012 年第 21 期。

[23] 中组部人才工作局：《择天下英才而用之——学习贯彻习近平总书记关于人才工作重要论述》，《党建研究》2014 年第 7 期。

[24] 蒋文莉：《高层次人才管理的伦理问题研究》，博士学位论文，山东师范大学，2013 年。

[25] 李家龙：《对自我管理要素体系及其实现的研究》，博士学位论文，武汉大学，2009 年。

后　记

本书是在前期开展的山东省社科规划办课题“现代人的自我管理研究”成果基础上，结合山东省高等教育人才研究会人才研究丛书出版计划，以及作者从事人才工作经验撰写形成的成果。由于诸多的日常工作头绪、繁杂的工作任务，本书的研究一直在时断时续中进行。幸赖于山东省高等教育人才研究会会长齐秀生教授和副会长、中国海洋大学薛永武教授等诸位专家学者的耐心指导、勉励，山东省高等教育人才研究会各位专家同仁给予的宝贵意见，本书研究才得以成稿。

本书由周安忠提出研究的基本思路、基本框架、章节提纲和研究重点，山东省高等教育人才研究会人才研究丛书编委专家给予了审定和指导，赵巍巍、武华宝参与了资料收集、文稿校核等研究统筹工作，是团队合作研究的成果。初稿完成后，由周安忠汇总整理，提交丛书编委专家进行了审核指导。根据反馈意见，由周安忠反复修改完善并最终定稿。

本书研究及出版过程中，得到了各位专家、同仁、同事和家人等诸多方面的关心、支持和帮助，作者对此表示诚挚的敬意和由衷的感谢。尤其是齐秀生教授、薛永武教授在此过程中处处体现出对晚生后辈开展学术研究给予包容、关爱和提携，让作者深受感动和鼓舞，显示了他们崇高的人格境界和为推进人才研究事业薪火相传而付出的努力。同时，也要感谢中国社会科学出版社为此书出版给予的帮助和努力，感谢责任编辑安芳等各位老师对本书的审阅和指正。

本书的出版，尽管作者投入了大量的精力和诸多时间，但限于水平和条件，有关的研究内容和观点，难免有不准确或偏颇之处，值得商榷之处，此均由作者周安忠负责，希望得到学界同仁和读者朋友的批评指正。

周安忠于济南名辉寓所
2020 年 10 月 15 日